体格教育

中小学体育高质量发展方略

赵海军 著

中国出版集团 东方出版中心

图书在版编目（CIP）数据

体格教育 : 中小学体育高质量发展方略 / 赵海军著 .
上海：东方出版中心, 2025. 7. -- ISBN 978-7-5473
-2760-9

Ⅰ. G633.962；G637.9

中国国家版本馆 CIP 数据核字第 20258NK234 号

体格教育
中小学体育高质量发展方略

著　　者　赵海军
出　　品　东方博观
策划统筹　范　斐　曾孜荣
责任编辑　范　斐
特邀编辑　孔维珉　暴颖捷　汤梦焯　温宝旭
营销发行　王世超　周　然
装帧设计　一瓢文化·邱特聪

出 版 人　陈义望
出版发行　东方出版中心
地　　址　上海市仙霞路 345 号
邮政编码　200336
电　　话　021-62417400
印 刷 者　廊坊市印艺阁数字科技有限公司

开　　本　710mm×1000mm　1/16
印　　张　9.5
字　　数　100 千字
版　　次　2025 年 7 月第 1 版
印　　次　2025 年 7 月第 1 次印刷
定　　价　78.00 元

序 言

在当今教育变革与社会发展的浪潮中，中小学体育教育正站在一个全新的历史起点，承载着培育全面发展人才、助力国家教育和体育事业腾飞的重任。本书聚焦于中小学体育教育高质量发展的理论与实践探索，深入剖析这一领域的关键议题，为推动体育教育事业的进步提供了极具价值的见解与思路。

随着时代的发展，社会对人才的要求日益多元和全面。教育强国、体育强国以及健康中国建设战略的稳步推进，使得中小学体育教育的重要性愈发凸显。从教育现代化进程来看，体育教育不再仅仅是强身健体的手段，更是实现学生全面发展、落实教育方针与价值目标的关键一环。在追求德智体美劳全面发展的教育愿景下，体育教育通过独特的育人方式，为学生的身心健康、意志品质塑造以及社会适应能力培养奠定坚实基础。例如，书中提及的某中学，通过创新体育教学，将体育与德育、智育、美育有机融合，在提升学生身体素质的同时，促进了学生在学业、品德和审美等多方面的协同发展，充分彰显了体育教育在培养全面发展人才中的重要作用。

构建高质量教育体系是当下教育领域的核心任务之一，而体育教育在这一体系中占据着不可或缺的地位。它是全面培养体系的重要组成部分，对修复教育生态、推动教育改革具有深远意义。一方面，规范的体育教育有助于纠正当前教育中存在的重智轻体等偏差，营造健康的教育生态环境。如某小学通过对校外体育培训的规范管理，优化校内体育课程设置，构建起了一套完善的体育教育体系，为学生提供了丰富、科学的体育学习机会，促进了学生的健康成长。另一方面，体育教育改革的深入推进，能够激发教育体系的活力，提升教育质量。通过创新教学方法、丰富教学内容以及优化教学评价，体育教育能够更好地满足学生的个性化需求，激发学生的学习兴趣和潜能。

培养高素质时代新人是教育的根本目标，中小学体育教育在这一过程中面临着诸多新挑战与新机遇。育人理念的不断提升，要求体育教育从单纯的技能传授向培养学生终身体育意识和综合素养转变。在数字化时代，信息技术的飞速发展为体育教育带来了新的契机，如某中学利用数字化技术创新体育教学模式，实现了体育教学的智能化、个性化，有效提升了教学效果。同时，个性化教育需求的增长，也促使体育教育更加关注学生的个体差异，为每个学生量身定制体育学习方案，助力学生充分发挥自身潜力。

为实现中小学体育教育的高质量发展，本书提出了构建"四大体系"的核心框架，这四大体系相互关联、相辅相成，共同为体育教育的发展提供了强大动力和坚实保障。

思想体系宛如指引方向的灯塔，在体育强国、教育强国、健康中国以及数字中国建设思想的引领下，为中小学体育教育指明了前行的道路。体育强国建设思想强调立德树人、体教融合、竞争引领和师资强化，为培养优秀体育人才提供了全方位的指导。例如，某学校通过积极推进体教融合，整合教育与体育资源，为学生提供了优质的体育训练与教育环境，成功培养出一批在体育领域崭露头角的优秀人才。教育强国建设思想明确了体育教育在素质教育中的育人作用，推动学校落实健康第一教育理念，切实解决学生体质健康问题。如某小学实施的"学生体质强健计划"，通过科学的体育教学与锻炼方案，显著改善了学生的体质状况。健康中国建设思想则聚焦于推广健康教育理念，引导学生养成健康生活方式，预防心理健康问题。某中学开展的心理健康教育活动，借助体育活动的独特优势，有效提升了学生的心理韧性。数字中国建设思想为体育教育的现代化转型注入了强大动力，推动智慧体育建设、体育资源数字化、体育教学智能化以及体育科研数字化。某学校利用智能设备提升体育教学精准度的实践，充分展示了数字技术在体育教育中的巨大应用潜力。

理论体系是实践的根基，为中小学体育教育提供了科学的依据和方法。动作技能学习"窗口期"理论依据人体发展规律，为体育课程规划和教学顺序安排提供了精准指导。某小学依据这一理论，合理优化体育课程设置，在不同阶段有针对性地培养学生的动作技能，取得了良好的教学效果。运动需求理论从学生的生理、心理和社会需求出发，构建了全新的课程分类与教学依据，推动了课程改革与教学创新。某中学根据这一理论调整体育课程内容，满足了学生多样化的运动需求，提高了学生的学习积极性。幸福体育课程模式致力于提升学生的体育学习幸福感，通过构建与育人目标契合的课程体系，实现了理论与实践的有效连接。某学校实施这一模式后，学生的体育兴趣得到了极大提升。"学生运动能力等级标准"的制订为体育教学评价提供了客观、量化的依据，解决了传统评价的诸多问题，有力支撑了教学改革。某学校依据该标准开展体育教学评价改革，促进了教学质量的提升。

实践体系是落实体育教育目标的主阵地，通过一系列切实可行的举措，将理论转化为实际行动。一体化体育课程体系打破学段界限，实现了教学内容的连贯性、系统性和进阶性。某学校构建一体化体育课程体系后，学生的身体素质和运动技能得到了显著提升，在体育竞赛中屡获佳绩。走班制教学根据学生的兴趣和特长，满足了学生个性化学习需求，促进了教师专业发展。某中学实施走班制后，学生的体育学习热情高涨，教师的教学能力也得到了充分锻炼。每天锻炼2小时政策的落实，对学生的体质健康与运动能力形成起到了关键作用。某小学通过合理安排课程与活动，确保学生每天有足够的锻炼时间，学生的体质达标率和优秀率大幅提高。"乐、动、会"幸福课堂的构建，让学生在快乐中运动、学会技能，提升了教师的教学能力和学生的学习体验。某学校打造幸福体育课堂后，学生对体育课的满意度显著提高，学习效果明显增强。

　　保障体系是中小学体育教育高质量发展的基石，从政策、硬件、人力、时间和平台等多个维度为体育教育的顺利开展提供保障。政策保障强化了健康第一理念，全面覆盖体育教育的各个方面，并建立了有效的落实监督机制。某地区通过政策推动，在学校体育课程建设、师资队伍培养、场地设施改善等方面取得了显著成效。硬件保障通过合理规划利用校内外空间资源，提升场地质量与安全性，加强管理维护，为学生提供了良好的体育锻炼条件。某学校改善体育硬件设施后，体育教学质量得到了显著提升。人力保障依靠校长的引领作用、教师专业能力的提升以及家长的协同育人，形成了强大的教育合力。某学校通过三方协同，营造了良好的体育教育氛围，促进了学生体育素养的全面提升。时间保障通过增加体育课时、确保大课间活动时间和保障课外活动时间，为学生的体育锻炼提供了充足的时间保障。某学校合理安排时间后，学生的体质健康水平得到了大幅提高。平台保障搭建的线下学习与展示平台以及线上学习与交流平台，为学生的学习和教师的专业发展提供了广阔的空间。某地区通过平台建设，提升了体育教师的专业素养，丰富了学生的体育学习资源。

　　本书通过对中小学体育教育高质量发展的深入研究，全面总结了思想体系的引领作用、理论体系的支撑作用、实践体系的落实作用以及保障体系的保障作用，为体育教育工作者、教育研究者以及关心教育事业的各界人士提供了全面、系统的参考资料。同时，对未来研究方向的展望以及对中小学体育教育发展的期望，也为该领域的持续发展指明了方向。相信本书的出版，将对推动中小学体育教育高质量发展产生积极而深远的影响，助力我国体育教育事业迈向新的高度。

目 录

第三章
中小学体育教育高质量发展方略的
体系建设

第四章
研究结论与未来展望

研究背景与意义

研究方法与创新点

国内外研究现状

第 一 章

绪 论

第一节　研究背景与意义

背景阐述

在当今社会，中小学体育教育的重要性愈发凸显，然而，其现状却不容乐观，面临着诸多严峻问题。

学生体质下降成为一个突出问题。随着生活方式的改变以及电子产品的普及，中小学生参与户外活动和体育锻炼的时间大幅减少。据相关调查数据显示，近年来中小学生的超重肥胖率上升、视力不良和近视率偏高，体能素质如耐力、力量、速度等指标与之前相比有所改善。这不仅影响了学生的身体健康，也对他们的学习和未来发展造成了阻碍。

对体育教育的重视不足是另一个关键问题。尽管素质教育理念已推行多年，但在实际教育过程中，"重智轻体"的现象依然普遍存在。学校和家长往往更关注学生的文化课成绩和升学压力，将大量时间和精力投入语文、数学、英语等主科学习上，而忽视了体育教育对学生身心健康和全面发展的重要性。在一些学校，体育课经常被其他科目占用，尤其是在临近考试阶段，体育课甚至成为可有可无的课程。这种对体育教育的忽视，导致学生缺乏足够的体育锻炼时间，体育技能难以得到有效提升。

体育教学方法和内容也存在诸多问题。部分体育教师教学方法陈旧，仍然采用传统的"填鸭式"教学，注重技能的传授，忽视了学生的兴趣培养和个性化需求。教学内容单一，主要围绕田径、篮球、足球等常规项目展开，缺乏多样性和创新性，难以激发学生的参与热情。一些新兴的体育项目如攀岩、射箭、飞盘等，由于场地、器材和师资等方面的限制，难以在中小学体育课堂中推广。

此外，体育教育资源分配不均衡也是一个亟待解决的问题。城市学校和农村学校之间、重点学校和普通学校之间在体育设施、师资力量等方面存在较大差距。城市学校和重点学校往往拥有较为完善的体育场地和器材，师资力量也相对雄厚；而农村学校和普通学校则面临体育设施简陋、器材短缺、专业体育教师不足等问题。这种资源分配的不均衡，严重影响了体育教育的公平性和质量，使得部分学生无法享受到优质的体育教育。

理论意义

本研究对丰富体育教育理论、推动学科发展具有重要意义。

中小学体育教育涉及运动生理学、运动心理学、体育教学论等多学科领域，深入研究其高质量发展，能够整合这些学科的理论知识，为体育教育理论体系注入新的内涵。通过对动作技能学习"窗口期"理论的研究，进一步明确学生在不同年龄段的动作技能学习需求，为体育课程内容的选择和教学方法的设计提供科学依据，从而完善体育教学的相关理论。

在体育教育改革不断推进的背景下，对中小学体育教育高质量发展的研究有助于探索适应新时代要求的教育理念、模式和方法，为体育教育学科的发展提供新的思路和方向。研究数字化技术在体育教学中的应用，能够推动体育教育与信息技术的深度融合，开拓体育教育学科的研究领域，促进体育教育学科的创新发展。

通过对国内外中小学体育教育的比较研究，借鉴国外先进的教育理念和教学模式，结合我国国情进行本土化实践，能够丰富我国体育教育理论，提升我国体育教育学科在国际上的影响力。

实践意义

研究成果对改善中小学体育教学实践、提升学生身体素质具有重要的实际价值。

本研究旨在通过对中小学体育教育高质量发展的理论与实践探索，为学校和教师提供具体的教学指导和实践建议。构建一体化体育课程体系，能够帮助学校解决体育课程衔接不畅的问题，使学生在不同学段都能接受系统、连贯的体育教育；引入走班制教学模式，能够满足学生的个性化需求，激发学生的体育兴趣，提高体育教学效果。

确保学生每天充足的体育锻炼时间，是提升学生身体素质的关键。研究成果将为学校和教育部门制订科学合理的体育锻炼计划提供参考，保障学生每天有足够的时间进行体育活动，促进学生体质健康水平的提高。通过增加体育课时、确保大课间活动时间和课外活动时间等措施，让学生在体育锻炼中增强体质、磨炼意志。

研究数字化技术在体育教学中的应用，能够为学校和教师提供新的教学手段和方法。利用智能设备和教学平台，对学生的运动数据进行实时监测和分析，为个性化教学提供依据；开发在线体育教育资源，打破时间和空间的限制，让学生随时随地进行体育学习。

此外，研究成果还有助于促进家校社协同育人，形成全社会共同关注和支持中小学体育教育的良好氛围。家长和社会的参与，能够为学生提供更多的体育锻炼机会和资源，共同助力学生的身心健康发展。

第二节　研究方法与创新点

研究方法

本研究采用了多种研究方法，以确保研究的科学性和全面性。

调查法：通过问卷调查、访谈等方式，收集中小学体育教育相关的数据和信息，了解学生、教师、家长对体育教育的看法和需求，以及体育教育的现状和存在的问题。对学生进行问卷调查，了解他们对体育课程内容、教学方法的满意度，以及参与体育活动的频率和兴趣；对体育教师进行访谈，了解他们在教学过程中遇到的困难和挑战，以及对体育教育改革的建议。

文献研究法：查阅国内外相关的学术文献、政策文件、研究报告等，梳理中小学体育教育的发展历程、理论基础和实践经验，为研究提供理论支持和参考。对国内外关于体育教育的学术论文、专著进行系统分析，了解最新的研究成果和发展趋势；研究国家和地方出台的体育教育政策文件，把握政策导向和要求。

案例分析法：选取具有代表性的中小学体育教育案例，深入分析其成功经验和不足之处，总结出可推广的实践模式和方法。研究某中学通过创新体育教学模式，提高学生体育兴趣和身体素质的案例；分析某小学在体育教育中引入数字化技术，提升教学效果的案例。

实验研究法：在一定范围内开展实验，对比不同教学方法、课程设置等对学生体育学习效果的影响，验证研究假设。在不同班级中采用不同的体育教学方法，通过对学生的体育成绩、体质健康指标等进行对比分析，评估教学方法的有效性。

创新点

本研究在理论视角、实践案例选取和研究方法运用上具有独特之处。

在理论视角方面，本研究将体育强国、教育强国、健康中国、数字中国等思想有机融合，构建了中小学体育教育高质量发展的思想体系，为研究提供了全新的理论视角。从这些思想出发，深入探讨中小学体育教育在人才培养、教育体系构建、健康促进和数字化转型等方面的作用和价值，为体育教育的发展指明方向。

在实践案例选取上，本研究不仅关注国内中小学体育教育的实践经验，还广泛收集国外先进的教学案例，进行跨文化比较研究。通过对国内外案例的分析和借鉴，探索适合我国国情的中小学体育教育发展模式，为实践提供更丰富的参考。引入德国中小学体育教育中注重学生个体性、多主体参与的案例，以及美国在体育教育中运用数字化技术的案例，与我国的实践进行对比分析。

在研究方法运用上，本研究综合运用多种研究方法，形成了一个有机的研究方法体系。通过调查法获取一手数据，了解实际情况；运用文献研究法梳理理论基础和研究现状；借助案例分析法总结实践经验；采用实验研究法验证研究假设。这种多方法的综合运用，能够更全面、深入地研究中小学体育教育高质量发展的问题，提高研究的可靠性和有效性。

第三节　国内外研究现状

国外研究现状

国外中小学体育教育在理念、模式和研究成果等方面呈现出多样化的特点。

在教育理念方面，许多国家强调以人为本，注重学生的全面发展和个性差异。德国中小学体育教育以"人本思想"为核心，认为体育课程不仅是促进学生身体健康的途径，更是培养学生运动精神、自我管理能力和社会秩序感的重要手段。在这种理念的指导下，德国中小学体育课程内容丰富多样，注重根据学生年龄和兴趣设置课程，如小学阶段采用游戏引导的教学方式，中学阶段加入体育理论课程。

在教学模式方面，国外也有许多值得借鉴的经验。美国部分学校采用"运动教育模式"，将学生分成不同的团队，进行长期的运动项目学习和比赛，培养学生的团队合作精神和运动技能。这种模式强调学生的主动参与和自主学习，让学生在实践中掌握运动技能和比赛策略。日本的学校体育则注重培养学生的终身体育意识，通过开展各种体育活动和社团，让学生在兴趣的驱动下参与体育锻炼，养成良好的运动习惯。

在研究成果方面，国外学者在体育教育与学生心理健康、体育教学方法创新、体育教育资源配置等方面取得了一系列成果。研究表明，体育锻炼能够有效缓解学生的压力和焦虑情绪，促进心理健康；在体育教学方法上，探究式学习、合作学习等方法被广泛应用，以提高学生的学习效果；在体育教育资源配置方面，国外一些研究关注如何合理分配资源，确保不同地区、不同学校的学生都能享受到优质的体育教育。

国内研究现状

在国内，关于中小学体育教育的研究主要集中在政策法规、研究热点以及实践探索这三个方面。

在政策法规方面，国家对中小学体育教育的重视程度日益提高，并且已经颁布了一系列的政策文件，例如《关于全面加强和改进新时代学校体育工作的意见》和《学校体育工作条例》等，这些政策文件为中小学体育教育的发展提供了坚实的政策支持和保障。这些政策文件中明确强调了体育教育在学生全面发展中的重要性，同时对学校体育工作的目标和任务进行了明确的界定，并对体育课程的设置、师资队伍的建设、学生体质健康监测等方面提出了具体的要求。

在研究热点方面，当前国内中小学体育教育的研究主要集中在体教融合、学生体质健康以及体育教学改革等领域。体教融合已经成为我国中小学体育教育改革的一个重要方向，其核心在于打破体育与教育之间的界限，推动体育与教育的深度融合，以培养出更多全面发展的优秀人才。学者们对体教融合的内涵、实施路径以及存在的问题进行了深入的探讨，并提出了许多具有建设性的意见和建议。在学生体质健康方面，研究主要关注学生体质下降的原因、影响因素以及提升策略，通过对学生体质健康数据的深入分析，探索出有效的干预措施。体育教学改革同样是研究的焦点，这包括了教学内容、教学方法、教学评价等方面的改革，目的是提高体育教学的质量，同时激发学生的体育兴趣。

在实践探索方面，国内各地的中小学都在积极地开展体育教育改革的实践活动，并且取得了一定的成效。一些学校通过创新体育课程的设置，引入了具有特色的体育项目，例如武术、轮滑、射箭等，这些举措极大地丰富了体育教学的内容；同时，一些学校采用了多样化的教学方法，如情境教学、游戏教学等，这些方法有效地提高了学生的参与度和学习效果；此外，还有学校加强了体育师资队伍的建设，通过培训、引进等方式，提升了体育教师的专业水平。除此之外，一些地区还积极推行家校社协同育人的模式，鼓励家长和社会力量参与学校体育教育，为学生提供了更多的体育锻炼机会和资源。

推进教育强国和体育强国进程

打造高质量教育架构

勾勒高素质时代新人成长蓝图

第 二 章

新时代中小学体育教育迈向高质量发展的时代呼唤

第一节　推进教育强国和体育强国进程

加速教育现代化建设步伐

中小学体育教育在推动教育现代化进程中扮演着重要角色，发挥着多方面的积极作用。

在教学方式创新方面，借助现代信息技术，中小学体育教育实现了教学手段的多元化。虚拟现实（VR）、增强现实（AR）技术为学生营造出沉浸式的运动环境，让学生仿佛置身于真实的运动场景中。在篮球教学中，利用 VR 技术模拟比赛场景，学生能够在虚拟的球场上进行投篮、运球等训练，增强对篮球运动的感知和理解。智能运动器材的应用，通过传感器实时监测学生的运动数据，如运动轨迹、速度、力量等，为教师提供了精准的教学反馈，教师可以根据这些数据及时调整教学计划，实现个性化教学。

课程内容丰富化也是体育教育推动教育现代化的重要体现。除了传统的体育项目，新兴的体育项目如攀岩、射箭、飞盘等逐渐走进中小学课堂。这些项目不仅能激发学生的兴趣，还能培养学生的勇气、专注力和团队协作能力。攀岩运动能锻炼学生的力量、耐力和心理素质，让学生在挑战自我的过程中增强自信心；飞盘运动则强调团队配合和规则意识，培养学生的沟通能力和合作精神。

师资队伍建设是提升体育教育质量的关键。学校积极组织体育教师参加专业培训和学术交流活动，让教师接触最新的体育教育理念和教学方法。鼓励教师开展教学研究和创新实践，提高教学水平。一些学校还引进具有专业背景的体育人才，充实师资队伍，为学生提供更专业的体育指导。

体育教育对教育现代化的推动作用还体现在促进学生的全面发展上。通过体育锻炼，学生的身体素质得到增强，为学习和生活提供了坚实的基础。体育活动中的团队合作和竞争，培养了学生的团队精神、竞争意识和挫折承受能力，有助于学生在未来的社会中更好地适应和发展。

贯彻落实教育方针与价值目标

中小学体育教育是落实党的教育方针的重要环节，对实现"四位一体"学校体育的价值目标具有不可替代的作用。

党的教育方针强调培养德智体美劳全面发展的社会主义建设者和接班人，体育教育作为其中的重要组成部分，承载着促进学生身心健康发展的使命。"四位一体"学校体育的价值目标，即帮助学生在体育锻炼中享受乐趣、增强体质、健全人格、锤炼意志，为中小学体育教育指明了方向。

在享受乐趣方面，学校通过多样化的体育课程和活动，激发学生的体育兴趣。组织趣味运动会，设置接力赛、拔河、跳绳等趣味性项目，让学生在轻松愉快的氛围中感受体育的乐趣；开展体育社团活动，如足球社、篮球社、舞蹈社等，满足学生不同的兴趣爱好，让学生在自己喜欢的项目中享受运动的快乐。

增强体质是体育教育的基本目标。学校确保学生每天有充足的体育锻炼时间，开足开齐体育课，组织大课间活动和课外体育锻炼。通过系统的体育训练，提高学生的心肺功能、肌肉力量、耐力等身体素质，降低学生的超重肥胖率、视力不良和近视率，促进学生健康成长。

健全人格和锤炼意志在体育教育中得到充分体现。体育活动中的团队合作，如篮球、足球等项目，培养学生的团队协作精神和集体荣誉感，让学生学会关心他人、尊重他人，增强责任感；体育竞赛中的竞争和挑战，让学生学会面对挫折和失败，培养坚韧不拔、勇于拼搏的精神，提高学生的心理素质和抗压能力。

为了更好地落实教育方针和"四位一体"学校体育的价值目标，学校还加强了体育教育与其他学科的融合，促进学生的全面发展。将体育与健康教育相结合，传授学生健康知识和运动损伤预防方法，培养学生的健康意识和自我保健能力；将体育与德育相结合，通过体育活动中的规则遵守和品德教育，培养学生的道德品质和行为规范。

培养具有德智体美劳综合素养的新时代人才

中小学体育教育在培养德智体美劳全面发展人才中发挥着关键作用，是促进学生综合素质提升的重要途径。

德育方面，体育教育通过团队项目和竞技比赛，培养学生的团队合作精神、规则意识和责任感。在篮球比赛中，学生需要相互配合、默契协作，才能取得胜利，这有助于培养学生的团队精神和集体荣誉感；比赛中的规则要求学生尊重裁判、遵守规则，培养学生的规则意识和公平竞争意识；作为团队的一员，学生需要承担自己的责任，为团队的荣誉而努力，增强了学生的责任感。

智育方面，体育活动对学生的智力发展具有积极影响。运动能够促进大脑的血液循环，为大脑提供更多的氧气和营养物质，有助于提高大脑的功能和思维能力。体育教育中的策略规划、战术制订等，锻炼了学生的逻辑思维、空间想象和问题解决能力。例如，在足球比赛中，学生需要分析对手的战术，制订自己的进攻和防守策略，这有助于提高学生的思维能力和决策能力。

体育教育对学生体质健康的提升作用不言而喻。通过定期的体育锻炼，学生的心肺功能、肌肉力量、耐力等身体素质得到增强，提高了学生的健康水平，为学生的学习和生活提供了有力保障。

美育方面，体育活动中的优美动作、和谐的团队配合，能够培养学生的审美情趣和艺术修养。体操、舞蹈等项目，要求学生动作规范、姿态优美，通过训练和表演，学生能够感受到身体的美感和艺术的魅力，提高审美能力；团队项目中的默契配合和协作，展现出一种和谐之美，培养学生对美的欣赏和追求。

在劳动教育方面，体育教育中的自我锻炼、团队协作等，培养了学生的劳动意识和劳动能力。学生在体育锻炼中，需要付出努力和汗水，这锻炼了学生的意志品质和吃苦耐劳精神；团队项目中的分工合作，让学生学会了如何与他人协作，提高了学生的劳动技能和团队协作能力。

案例：某中学通过创新体育教学助力学生全面发展

某中学在体育教学中积极创新，通过多种举措助力学生全面发展，取得了显著成效。

在教学方式上，学校引入了"小组合作学习"和"情境教学"相结合的模式。在篮球教学中，教师将学生分成若干小组，每个小组围绕一个篮球主题进行学习和训练，如篮球战术配合、篮球技巧提升等。教师设置了"篮球比赛情境"，让学生在模拟的比赛中运用所学知识和技能，提高学生的实践能力和团队协作能力。小组之间相互竞争，激发了学生的学习兴趣和积极性。

课程内容方面，学校除了开设传统的体育项目，还增设了攀岩、射箭、武术等特色项目。攀岩项目培养了学生的勇气和毅力，学生在攀爬的过程中克服恐惧，挑战自我，增强了自信心；射箭项目锻炼了学生的专注力和耐心，学生需要集中精力，调整呼吸，才能准确命中目标；武术项目不仅让学生掌握了一门技能，还传承了中华传统文化，培养了学生的民族自豪感。

为了提高学生的参与度，学校组织了丰富多彩的体育活动。举办"体育文化节"，包括体育比赛、体育知识竞赛、体育摄影展等，让学生在参与活动的过程中感受体育的魅力；开展"阳光体育一小时"活动，确保学生每天有充足的体育锻炼时间，提高学生的身体素质。

通过这些创新举措，该中学学生的身体素质明显提高，体质健康测试达标率和优秀率大幅提升。学生的团队合作精神、竞争意识和挫折承受能力也得到了培养，在各类体育比赛中取得了优异成绩。在德育方面，学生的规则意识和责任感增强，在校园生活中更加遵守纪律，关心他人；在智育方面，学生的思维能力和创新能力得到锻炼，学习成绩也有所提高。

第二节　打造高质量教育架构

体育教育在全面培养体系中的角色定位

体育教育在德智体美劳全面培养体系中占据着重要地位，是促进学生全面发展的不可或缺的组成部分。

体育教育与德育紧密相连。体育活动中的团队项目，如足球、篮球等，要求学生相互配合、协作，培养了学生的团队合作精神和集体荣誉感。在比赛中，学生需要遵守规则，尊重对手和裁判，这有助于培养学生的规则意识和道德品质。体育竞赛中的胜负，让学生学会面对挫折和失败，培养了坚韧不拔、积极向上的品质。

智育的发展也离不开体育教育的支持。适量的体育锻炼能够促进大脑的发育，提高大脑的功能。运动可以增加大脑的血流量，为大脑提供更多的氧气和营养物质，有助于提高学生的注意力、记忆力和思维能力。体育教育中的策略规划、战术分析等，也锻炼了学生的逻辑思维和问题解决能力。

体育教育的直接目标就是增强学生的体质，提高学生的健康水平。通过系统的体育训练，学生的心肺功能、肌肉力量、耐力等身体素质得到提升，为学生的学习和生活提供了坚实的身体基础。

在美育方面，体育活动中的优美动作、协调的姿态，展现了身体的美感。体操、舞蹈等项目，不仅要求学生具备良好的身体素质，还注重培养学生的审美情趣和艺术修养。学生在参与这些项目的过程中，能够感受到身体的韵律和节奏之美，提高审美能力。

体育教育与劳动教育也有着密切的联系。体育锻炼需要学生付出努力和汗水，培养了学生的吃苦耐劳精神和意志品质。团队项目中的分工合作，让学生学会了如何与他人协作，提高了劳动技能和团队协作能力。

体育教育在全面培养体系中具有独特的育人功能，它不仅能够促进学生的身体健康，还能在德育、智育、美育和劳动教育等方面发挥重要作用，为学生的全面发展奠定坚实的基础。

修复教育生态与构建高质量体系

体育教育在修复教育生态、构建高质量教育体系方面发挥着重要作用，通过多种途径促进教育生态的优化和教育质量的提升。

规范校外体育培训是修复教育生态的重要举措。一些校外体育培训机构存在教学质量参差不齐、过度商业化等问题，影响了学生的体育学习体验和教育公平。教育部门加强对校外体育培训的监管，制定相关政策和标准，规范培训机构的教学内容、师资队伍和收费标准。加强对培训机构的资质审核和日常监督，打击虚假宣传和违规办学行为，为学生提供一个健康、规范的校外体育培训环境。

学校体育减负增效也是修复教育生态的关键。一些学校存在体育课被占用、体育教学内容单一、教学方法陈旧等问题，使得学生对体育缺乏兴趣，体育锻炼时间不足。学校应严格落实体育课程设置要求，确保体育课不被挤占。创新体育教学方法，采用多样化的教学手段，激发学生的体育兴趣。开展趣味体育活动、游戏化教学等，让学生在轻松愉快的氛围中进行体育学习和锻炼。

促进家庭体育的发展，能够增强学生的体育锻炼意识和习惯。家长是学生体育教育的重要支持者和参与者，学校通过家校合作，引导家长重视孩子的体育教育。组织家长参与学校的体育活动，如亲子运动会、家长体育讲座等，提高家长对体育教育的认识和重视程度。鼓励家长陪伴孩子进行体育锻炼，营造良好的家庭体育氛围，让体育成为家庭生活的一部分。

通过这些措施，体育教育能够修复教育生态，使教育生态各要素逐步恢复到其本身应有的功能，为构建高质量教育体系提供有力支持。健康的教育生态能够促进学生的全面发展，提高教育质量，培养出适应时代发展需求的高素质人才。

推进教育生态修复与高质量教育体系建设

当前，体育教育改革是适应时代发展和学生需求的必然选择，其方向和重点主要体现在以下几个方面。

教学理念的更新是体育教育改革的核心内容。传统的体育教学往往注重技能的传授和体能的训练，而现代体育教学更加注重学生的全面发展和个性差异。强调以学生为中心，关注学生的兴趣和需求，培养学生的自主学习能力和创新思维。将体育教育与健康教育、生命教育相结合，让学生不仅掌握运动技能，还了解健康知识和生活方式，培养学生的健康意识和自我保健能力。

课程内容的优化是体育教育改革的关键。丰富体育课程内容，除了传统的体育项目，引入新兴的体育项目和特色体育活动，如攀岩、射箭、瑜伽、武术等，满足学生多样化的兴趣需求。注重课程内容的层次性和系统性，根据学生的年龄、性别、身体素质等特点，设置不同难度和层次的课程，使每个学生都能在体育学习中有所收获。加强体育课程与其他学科的融合，促进学生的综合素养提升。将体育与数学、物理等学科结合，通过体育活动中的数据分析、运动原理等，加深学生对学科知识的理解和应用。

教学方法的创新是提高体育教学质量的重要手段。采用多样化的教学方法，如情境教学、游戏教学、探究式教学、合作学习等，激发学生的学习兴趣和积极性。情境教学通过创设真实的运动情境，让学生在情境中学习和运用运动技能；游戏教学将体育知识和技能融入游戏中，让学生在玩中学、学中玩；探究式教学鼓励学生自主探究和发现问题，培养学生的创新思维和解决问题的能力；合作学习通过小组合作的方式，培养学生的团队协作精神和沟通能力。

评价体系的完善是体育教育改革的重要保障。建立多元化的评价体系，不仅关注学生的运动技能和体能水平，还要注重学生的学习态度、进步幅度、创新能力和团队协作等方面。采用过程性评价与终结性评价相结合的方式，全面、客观地评价学生的体育学习情况。鼓励学生参与评价，提高学生的自我认知和自我管理能力。利用现代信息技术，建立学生体育学习档案，记录学生的学习过程和成长轨迹，为个性化教学和评价提供依据。

案例：某小学通过规范校外培训等构建健康体育教育生态

某小学在构建健康体育教育生态方面积极探索，通过规范校外培训、优化学校体育教学和促进家庭体育等措施，取得了显著成效。

在规范校外培训方面，学校积极配合教育部门，对校外体育培训机构进行调研和评估。组织教师和家长代表对周边的体育培训机构进行实地考察，了解其教学质量、师资水平、安全保障等情况。向家长发放调查问卷，了解家长对校外体育培训的需求和意见。根据调研结果，学校向家长推荐了一些资质合格、教学质量高的体育培训机构，并提醒家长注意防范一些不良机构的虚假宣传和违规办学行为。

在学校体育教学方面，学校优化了体育课程设置，增加了体育课时，确保学生每天有充足的体育锻炼时间。引入了"体育走班制"教学模式，根据学生的兴趣和特长，将学生分成不同的体育项目班级进行教学。开设了足球、篮球、羽毛球、乒乓球、武术、舞蹈等多个体育项目班级，学生可以根据自己的喜好选择适合自己的班级。这种教学模式激发了学生的体育兴趣，提高了学生的运动技能水平。

学校还创新了体育教学方法，采用游戏化教学、情境教学等方式，让学生在轻松愉快的氛围中学习体育知识和技能。在足球教学中，教师设计了"足球世界杯"情境，让学生扮演不同国家的足球队员，进行足球比赛。学生在比赛中不仅提高了足球技能，还培养了团队合作精神和竞争意识。

为了促进家庭体育的发展，学校组织了亲子运动会、家庭体育挑战赛等活动，鼓励家长和孩子一起参与体育锻炼。举办了"亲子跳绳比赛",家长和孩子一起跳绳,增进了亲子关系,也提高了家庭的体育氛围。学校还通过家长会、家长群等渠道,向家长宣传体育教育的重要性,引导家长关注孩子的体育健康,鼓励家长陪伴孩子进行体育锻炼。

通过这些措施,该小学构建了一个健康的体育教育生态,学生的体育兴趣和参与度明显提高,体质健康水平得到了有效提升,形成了学校、家庭和社会共同关注和支持体育教育的良好氛围。

第三节　勾勒高素质时代新人成长蓝图

提升育人理念的高度

新时代体育育人理念经历了从"一维"到"四维"的重要扩展,这一转变对培养高素质时代新人具有深远意义。

传统的"一维"体育观主要关注学生的身体素质,将体育教育仅仅视为增强体质的手段。随着社会的发展和教育理念的更新,"三维"体育观逐渐兴起,它将体育教育与学生的心理和社会适应能力相结合,强调体育教育不仅要促进学生的身体健康,还要关注学生的心理健康和社会交往能力。

新时代的体育育人理念进一步扩展为"四维",即"心理、身体、精神、意志"体育观。这种理念突破了传统体育观的局限,更加注重学生的全面发展和个性成长。在心理方面,体育教育关注学生的情绪调节、压力缓解和心理健康维护。通过体育活动,学生可以释放压力,调节情绪,增强心理韧性,培养积极乐观的心态。在精神层面，体育教育培养学生的体育精神，如拼搏精神、团队精神、公平竞争精神等。这些精神品质不仅在体育活动中至关重要，也是学生在未来社会中取得成功的关键。在意志方面，体育教育通过各种挑战和困难，锻炼学生的意志力和毅力。学生在面对高强度的训练和激烈的比赛时，需要克服困难，坚持不懈，从而培养出坚韧不拔的意志品质。

"四维"体育观为学校体育走出"被物化""被窄化""被异化"的困境提供了全新的视角。它强调体育教育的综合性和全面性，不再将体育仅仅看作是身体的锻炼，而是将其视为促进学生身心全面发展的重要途径。这种理念的转变，要求学校体育在教学内容、教学方法和评价体系等方面进行相应的改革，以更好地满足学生的需求，培养出具有高素质的时代新人。

建立健全终身体育体系

在当今时代，培养全面发展的高素质人才成为教育的重要使命。以学校体育为依托构建终身体育体系，无疑是这一宏大目标下的关键一环，对学生的未来发展具有不可估量的重要意义。

学校体育作为教育体系的重要组成部分，是学生接触体育运动的主要场所。在学校中，通过系统的体育课程设置，涵盖了田径、球类、体操等丰富多样的体育项目，能够满足不同学生的兴趣爱好和身体条件。例如，在体育课上，学生们有机会学习篮球的基本技巧，从运球、传球到投篮，逐步掌握一项运动技能。这种在学校阶段对多种体育项目的学习和尝试，为学生日后选择适合自己的终身运动项目奠定了基础。当学生在学校期间发现自己对某项运动的热爱，如羽毛球，在毕业后也更有可能将其作为长期坚持的运动方式，保持良好的身体状态。

构建终身体育体系离不开专业的体育师资队伍。学校拥有经过专业培训的体育教师，他们不仅具备扎实的体育理论知识，还拥有丰富的教学经验和专业的运动技能。体育教师能够根据学生的年龄特点和身体发育状况，制订科学合理的体育教学计划。在教学过程中，他们注重培养学生的运动习惯和体育意识。比如，在每堂体育课开始前，教师会带领学生进行充分的热身活动，教导学生热身对于预防运动损伤的重要性，让学生在潜移默化中养成运动前热身的好习惯。这些良好的习惯一旦在学校阶段养成，就会伴随学生一生，使他们在参与任何体育运动时都能注重自身安全和科学锻炼。

学校的体育设施也是构建终身体育体系的重要保障。完善的体育场馆、操场、器材等设施，为学生提供了充足的运动空间和资源。宽敞的足球场让学生们尽情奔跑，挥洒汗水；设备齐全的体育馆可以举办篮球、排球等各类室内体育活动。学校还会定期举办运动会、体育比赛等活动，营造浓厚的体育氛围。在运动会期间，学生们积极参与各个项目，为了班级荣誉而拼搏，这种竞争氛围能够激发学生对体育运动的热情。即使毕业后，学生们回忆起学校的体育活动，仍会充满激情，从而更愿意在生活中继续参与体育锻炼，将学校时期培养的体育热情延续到未来的生活中。

构建终身体育体系，以学校体育为依托，能够培养学生坚韧不拔的意志品质和良好的团队合作精神。在体育训练和比赛中，学生们会面临各种困难和挑战，如长跑时的体力不支、团队比赛中的配合失误等。通过克服这些困难，学生们学会了坚持和努力，培养了坚韧的毅力。在团队项目中，如足球、排球比赛，学生们需要相互协作、沟通，共同为了胜利而努力。这种团队合作的经历，让学生们懂得了集体的力量，学会了在团队中发挥自己的优势，也让他们在未来的工作和生活中，能够更好地与他人合作，适应社会环境。

以学校体育为依托构建终身体育体系，对于培养高素质时代新人具有举足轻重的作用。它不仅能让学生拥有健康的体魄，更能为他们的未来发展注入强大的动力，使他们在人生的道路上充满活力、勇往直前。

方略一：思想体系建设

方略二：理论体系建设

方略三：实践体系建设

方略四：保障体系建设

第 三 章

中小学体育教育高质量发展方略的体系建设

第一节　方略一：思想体系建设

体育强国

体育强国建设思想为中小学体育教育提供了明确的指导方向，在人才培养、发展路径拓展、动力激发和智力支撑等方面发挥着重要作用。

在人才培养方面，坚持立德树人是体育教育的核心任务之一。通过体育活动，学生能够培养出勇敢顽强的品质。在面对高强度的体育训练和激烈的比赛时，他们需要克服困难，坚持不懈，从而锻炼出坚韧不拔的意志；团结拼搏的精神也在团队项目中得以体现，学生们为了共同的目标，相互协作，相互支持，增强了团队凝聚力；集体主义和爱国主义精神则在体育赛事中得到升华，当学生代表学校或国家参加比赛时，他们会为了集体和国家的荣誉而努力拼搏，激发内心的爱国情感；责任感的养成使学生明白自己在团队中的角色和责任，学会对自己的行为负责，对团队负责。

体教融合是体育强国建设的重要发展路径。它打破了传统学校体育教学的壁垒，促进了体育与其他学科的融合。在教学实践中，将体育与数学、物理等学科结合，可以通过跨学科实践深化学生对学科知识的理解与应用。在篮球教学中，引导学生运用数学知识计算投篮的角度、力度和距离，运用物理知识分析篮球的运动轨迹和受力情况，这样不仅能让学生更好地掌握篮球技巧，还能加深他们对数学和物理知识的理解。

突出竞争引领，能够激发学生参与体育活动的积极性和热情。组织各类体育竞赛和活动，如校运会、篮球比赛、足球比赛等，为学生提供了展示自我的平台。在比赛中，学生们为了取得好成绩，会努力提升自己的技能水平，积极参与训练。这种竞争环境还能培养学生的协作和竞争意识，他们在团队比赛中学会与队友协作，共同应对挑战，同时也在竞争中不断超越自我。竞争还能促进学校体育教学的改革和创新，学校为了提高学生的比赛成绩，会不断改进教学方法，更新教学内容，提升体育教学的质量。

强化师资队伍建设，是为体育强国建设提供优质智力支撑的关键。促进体育教师的专业发展，学校应定期组织教师参加专业培训，邀请体育领域的专家举办讲座和指导，让教师接触最新的体育教育理念和教学方法。鼓励体育教师参与各类体育科研和教学改革项目，提升他们的科研能力和教学改革能力，使教师能够将科研成果应用到教学实践中，推动教学创新。注重体育教师的团队能力建设，通过团队合作开展教学研究和课程设计，提升教师的团队协作能力和教学创新能力，为学生提供更优质的体育教育。

立德树人，厚植人才成长沃土

体育教育是立德树人的重要途径，通过多样化的体育活动和教育方式，全面培养学生的品德。

在体育活动中，学生们面临着各种挑战和困难，如高强度的训练、激烈的比赛竞争、身体的疲劳和伤痛等。在长跑训练中，学生可能会遇到体力不支、呼吸急促等困难，但通过坚持和努力，克服这些困难，他们能够培养出坚韧不拔的意志品质。这种意志品质将伴随他们一生，使他们在面对学习和生活中的困难时，也能勇往直前，不轻易放弃。

团队项目如篮球、足球等，是培养学生团队合作精神的重要平台。在这些项目中，学生们需要相互配合、协作，才能取得胜利。在篮球比赛中，球员们需要根据战术安排，传球、投篮、防守，每个位置都至关重要，只有团队成员之间默契配合，才能发挥出团队的最大实力。通过参与团队项目，学生们学会了倾听他人的意见，尊重他人的想法，理解团队成员的角色和责任，增强了团队意识和集体荣誉感。

体育竞赛中的规则和道德规范，是培养学生责任感和公平竞争意识的重要内容。学生们在比赛中必须遵守规则，尊重裁判的判罚，不得使用不正当手段获取胜利。在足球比赛中，如果球员故意犯规，将会受到黄牌或红牌的处罚，这让学生们明白违反规则的后果，从而自觉遵守规则。在比赛中，学生们还需要尊重对手，保持良好的体育道德，不得恶意犯规或辱骂对手。这种责任感和公平竞争意识的培养，有助于学生在社会生活中树立正确的价值观和行为准则。

体育教育还能培养学生的爱国主义精神。当学生代表学校或国家参加比赛时，他们的每一次拼搏都代表着集体和国家的荣誉。在国际体育赛事中，运动员们为了国家的荣誉，奋力拼搏，他们的爱国精神和民族自豪感能够感染和激励广大学生。

学校可以通过组织观看体育赛事、开展爱国主义教育活动等方式，激发学生的爱国情感，培养他们的爱国主义精神。

体教融合，拓宽多元发展赛道

体教融合打破了传统体育教学与学科教学之间的界限，为体育与其他学科的融合创造了条件，促进了学生的全面发展。

在教学实践中，体育与数学的融合可以通过运动数据分析来实现。利用智能运动设备，如运动手环、智能运动鞋等，收集学生的运动数据，如跑步的速度、距离、步数、心率等。引导学生运用数学知识对这些数据进行分析，计算运动强度、消耗的卡路里等。在篮球教学中，让学生统计自己的投篮命中率、三分球命中率等，通过数据分析，学生可以了解自己的运动水平和进步情况，同时也能加深对数学知识的理解和应用。

体育与物理的融合体现在运动原理的讲解和应用上。在讲解篮球的投篮技巧时，教师可以运用物理知识，如力的作用、抛物线原理等，向学生解释投篮时的出手角度、力度和速度对投篮结果的影响。让学生通过实验和实践，亲身体验物理原理在体育中的应用。在跳远教学中，引导学生分析起跳时的力量、角度和速度与跳远成绩之间的关系，运用物理知识提高跳远技巧。

体育与生物的融合可以体现在运动与身体健康的教学中。讲解运动对身体机能的影响，如运动时心率的变化、呼吸的加深、血液循环的加快等，让学生了解运动对心血管系统、呼吸系统等的锻炼作用。介绍运动营养知识，如运动前后的饮食搭配、补充水分和电解质的重要性等，让学生掌握科学的运动健康知识。

通过体教融合，学生不仅能够提高体育技能，还能加深对其他学科知识的理解和应用，实现知识的融会贯通。这种融合式教学还能激发学生的学习兴趣，提高学习效果，培养学生的综合素养和创新能力。体教融合也为学生的未来发展提供了更多的可能性，使他们能够在不同领域发挥自己的优势，成为全面发展的人才。

竞争引领，点燃创新引擎

竞争在中小学体育教育中具有重要作用，能够有效激发学生参与体育活动的积极性，推动学生不断提升自身能力。

体育竞赛和活动为学生提供了一个展示自我的舞台，学生们渴望在这个舞台上展现自己的风采，获得他人的认可和赞扬。在学校运动会上，学生们会为了班级的荣誉，积极报名参加各项比赛，努力训练，争取取得好成绩。这种竞争环境能够激发学生的内在动力，让他们主动参与体育活动，提高自己的体育技能。

为了在竞争中取得优势，学生们会主动投入更多的时间和精力进行训练。在篮球比赛前，学生们会利用课余时间进行投篮、运球、传球等基础技能的训练，还会进行战术配合的演练。通过不断的训练，学生们的技能水平得到了提高，他们在比赛中能够更加自信地发挥自己的实力。竞争还能培养学生的竞争意识和拼搏精神，让他们明白只有通过努力和拼搏，才能取得成功。

在团队体育项目中，竞争能够促进学生之间的协作。为了赢得比赛，团队成员需要相互配合、相互支持，共同制订战术，发挥各自的优势。在足球比赛中，前锋、中场、后卫和守门员需要密切协作，才能保证球队的进攻和防守。这种协作不仅能够提高团队的战斗力，还能培养学生的团队合作精神和沟通能力。

竞争对学校体育教学也具有积极的推动作用。为了让学生在竞争中取得更好的成绩，学校会不断改进体育教学方法，更新教学内容，提高教学质量。引入先进的教学理念和技术，如数字化教学、个性化教学等，为学生提供更加科学、有效的体育教育。竞争还能促进学校之间的交流与合作，通过举办校际体育比赛，学校之间可以相互学习，共同提高体育教学水平。

强师筑基，筑牢教育智力根基

师资队伍是中小学体育教育的关键，加强师资队伍建设对于提升体育教育质量至关重要。促进体育教师的专业发展，需要为教师提供持续的培训和学习机会。定期组织教师参加专业培训课程，邀请体育领域的专家学者举办讲座和指导，让教师了解最新的体育教育理念、教学方法和运动技术。鼓励教师参加学术研讨会和教学观摩活动，与同行交流经验，拓宽视野。支持教师参加体育技能培训，提高教师的运动水平和教学能力。

注重体育教师的多元化发展，鼓励教师参与各类体育科研和教学改革项目。通过科研项目，教师可以深入研究体育教育中的问题，探索创新的教学方法和模式。参与教学改革项目，教师可以将新的教学理念和技术应用到实践中，提高教学效果。教师还可以开展跨学科研究，探索体育与其他学科的融合，为学生提供更加综合的教育。

加强体育教师的团队能力建设，通过团队合作提升教师的教学创新能力。组织教师开展团队教学研究，共同设计课程、编写教材、制订教学计划。开展团队教学实践，如小组教学、合作教学等，提高教学的多样性和趣味性。鼓励教师之间相互听课、评课，相互学习，共同提高教学水平。通过团队建设，教师们可以形成合力，共同推动学校体育教育的发展。

此外，学校还可以引进具有专业背景和丰富经验的体育人才，充实师资队伍。这些人才可以带来新的教学理念和方法，为学校体育教育注入新的活力。加强与高校体育专业的合作，建立实习基地，让高校学生到学校实习，为学校带来新的思路和方法，同时也为高校学生提供实践机会。

案例：某学校通过体教融合培养出优秀体育人才

某学校积极推进体教融合，通过创新教学模式和培养机制，成功培养出一批优秀的体育人才。

在教学模式上，学校采用了"学训结合"的方式。学生在完成日常学业的同时，利用课余时间进行专业的体育训练。学校为学生制订了个性化的训练计划，根据学生的身体素质、兴趣爱好和潜力，选择适合他们的体育项目进行重点培养。对于具有篮球天赋的学生，学校安排专业的篮球教练进行指导，制定系统的训练方案，包括基础技能训练、战术配合训练和比赛实战训练等。

为了实现体育与学科的深度融合，学校还开发了一系列跨学科课程。在"体育与数学"课程中，教师引导学生运用数学知识分析体育比赛数据，如运动员的命中率、失误率、得分率等，通过数据分析，学生可以了解自己的优势和不足，制订合理的训练计划。在"体育与物理"课程中，讲解运动中的物理原理，如跑步时的摩擦力、跳跃时的重力势能等，让学生明白如何运用物理知识提高运动成绩。

学校注重为学生提供丰富的比赛机会，组织校内比赛和参加校外比赛。校内比赛包括班级联赛、年级对抗赛等，让学生在比赛中锻炼自己的技能和心理素质。积极组织学生参加校外的体育赛事，如区运会、市运会等，与其他学校的学生进行交流和竞争。通过比赛，学生不仅能够提高自己的竞技水平，还能培养团队合作精神和竞争意识。

通过这些体教融合的举措，该学校培养出了一批优秀的体育人才。多名学生在市级、省级体育比赛中获得优异成绩，有的学生还被体育院校破格录取。这些学生不仅在体育方面表现出色，在学业上也取得了进步，实现了体育与学业的双赢。体教融合也为学校营造了良好的体育氛围，激发了更多学生参与体育活动的兴趣，促进了学校体育教育的发展。

教育强国

教育强国建设思想为中小学体育教育提供了明确的方向和指导，在育人作用、健康理念落实和学生体质健康问题解决等方面具有重要引领作用。

在素质教育育人体系中，体育教育具有独特的育人作用。它不仅能够促进学生的身体健康，还能在德育、智育、美育和劳动教育等方面发挥重要作用。通过体育活动，学生能够培养团队合作精神、竞争意识、挫折承受能力等良好品质，这些品质对于学生的全面发展至关重要。在篮球比赛中，学生需要与队友密切配合，共同面对对手的挑战，这有助于培养他们的团队合作精神和竞争意识；在比赛中遇到挫折时，学生需要调整心态，克服困难，这能够锻炼他们的挫折承受能力。

落实健康第一教育理念，是中小学体育教育的重要任务。

学校应将健康第一的理念贯穿于体育教育的全过程，从课程设置、教学方法到评价体系，都要体现这一理念。在课程设置上，确保开足开齐体育课，保证学生每天有足够的体育锻炼时间。创新教学方法，采用多样化的教学手段，激发学生的体育兴趣，让学生在体育锻炼中享受乐趣。在评价体系中，不仅关注学生的运动技能和体能水平，还要注重学生的健康意识和生活方式。

解决学生体质健康问题是中小学体育教育的重要目标。当前，学生体质健康问题日益突出，如肥胖率上升、近视率增加、体能下降等。学校应通过加强体育教育，采取有效措施改善学生的体质健康状况。增加体育课时，确保学生每天有足够的时间进行体育锻炼；丰富体育课程内容，引入多样化的体育项目，满足学生的不同兴趣需求；加强体育锻炼指导，提高学生的体育锻炼效果；建立学生体质健康监测机制，及时发现学生的体质健康问题，并采取相应的干预措施。

明晰素质教育中体育的育人功能定位

体育教育在素质教育中具有不可替代的育人作用，对学生的品德、智力、审美和劳动能力的发展都有着积极的影响。

在品德培养方面，体育活动中的团队项目能够培养学生的团队合作精神和集体荣誉感。在足球比赛中，球员们为了共同的目标，相互配合，相互支持，形成一个紧密的团队。他们在比赛中学会了关心他人、尊重他人，为了团队的荣誉而努力拼搏，增强了集体荣誉感和责任感。体育竞赛中的竞争和规则意识，也能培养学生的公平竞争精神和自律能力。学生们在比赛中遵守规则，尊重对手和裁判，学会了在竞争中保持良好的道德品质。

体育教育对学生的智力发展也有着重要的促进作用。适量的体育锻炼能够促进大脑的血液循环，为大脑提供更多的氧气和营养物质，有助于提高大脑的功能和思维能力。体育活动中的策略规划、战术制订等，需要学生运用逻辑思维、空间想象和问题解决能力，这能够锻炼学生的智力。在篮球比赛中，学生需要分析对手的防守策略，制订自己的进攻战术，这有助于提高他们的思维能力和决策能力。

在审美方面，体育活动中的优美动作、和谐的团队配合，能够培养学生的审美情趣和艺术修养。体操、舞蹈等项目，要求学生动作规范、姿态优美，通过训练和表演，学生能够感受到身体的美感和艺术的魅力，提高审美能力。团队项目中的默契配合和协作，展现出一种和谐之美，让学生学会欣赏和追求这种美。

体育教育还能培养学生的劳动能力和劳动意识。在体育锻炼中，学生需要付出努力和汗水，这锻炼了他们的意志品质和吃苦耐劳精神。团队项目中的分工合作，让学生学会了如何与他人协作，提高了劳动技能和团队协作能力。在组织体育比赛时，学生参与场地布置、器材准备等工作，培养了他们的劳动能力和责任感。

将健康第一教育理念落到实处

落实健康第一教育理念，需要将其贯穿于中小学体育教育的各个环节，从课程设置、教学方法到评价体系，全面体现这一理念。

在课程设置方面，学校应严格按照国家课程标准，开足开齐体育课，确保学生每天有足够的体育锻炼时间。增加体育课时，让学生有更多的机会参与体育活动，提高身体素质。丰富体育课程内容，除了传统的体育项目，引入新兴的体育项目和特色体育活动，如攀岩、射箭、瑜伽、武术等，满足学生多样化的兴趣需求。

教学方法的创新是落实健康第一教育理念的关键。采用多样化的教学方法，激发学生的体育兴趣，让学生在体育锻炼中享受乐趣。情境教学法通过创设真实的运动情境，让学生在情境中学习和运用运动技能，提高学生的学习积极性；游戏教学法将体育知识和技能融入游戏中，让学生在玩中学、学中玩，增强学生的学习体验；探究式教学法鼓励学生自主探究和发现问题，培养学生的创新思维和解决问题的能力；合作学习法通过小组合作的方式，培养学生的团队协作精神和沟通能力。

评价体系的完善是落实健康第一教育理念的重要保障。建立多元化的评价体系，不仅关注学生的运动技能和体能水平，还要注重学生的健康意识、生活方式、学习态度和进步幅度等方面。采用过程性评价与终结性评价相结合的方式，全面、客观地评价学生的体育学习情况。鼓励学生参与评价，提高学生的自我认知和自我管理能力。利用现代信息技术，建立学生体育学习档案，记录学生的学习过程和成长轨迹，为个性化教学和评价提供依据。

此外，学校还应加强体育教育与健康教育的融合，传授学生健康知识和运动损伤预防方法，培养学生的健康意识和自我保健能力。开展健康讲座、健康体检等活动，提高学生的健康素养，让学生养成良好的健康生活方式。

靶向破解学生体质健康突出问题

通过体育教育改善学生体质健康问题，需要采取有效的措施。学校应加强体育教学管理，提高体育教学质量。学校应制订科学合理的体育教学计划，明确教学目标和教学内容，加强对体育教师的培训和指导，提高教师的教学水平。学校还应加强对体育教学的监督和评估，及时发现和解决教学中存在的问题，确保体育教学的质量和效果。

学校应开展丰富多彩的体育活动，增加学生的体育锻炼时间。学校可以组织学生参加校运会、篮球比赛、足球比赛等体育赛事，让学生在比赛中锻炼自己的身体，提高自己的运动技能。学校还可以开展课间操、课外活动等体育活动，让学生在课余时间也能进行体育锻炼，增强体质。

学校应关注学生的个体差异，实施个性化的体育教育。学校应了解每个学生的身体状况和运动能力，根据学生的个体差异，制订个性化的体育教学计划和锻炼方案。对于体质较弱的学生，教师可以适当降低教学难度，增加锻炼的时间和强度；对于运动能力较强的学生，教师可以提供更具挑战性的教学内容和锻炼任务，激发学生的潜力。

案例：某小学通过实施"学生体质强健计划"改善学生体质

某小学实施了"学生体质强健计划"，取得了显著的成效。该计划的具体措施包括：一是加强体育课程建设，开足开齐体育课，每周安排 4 节体育课，确保学生每天有 1 小时的体育锻炼时间。二是丰富体育教学内容，除了传统的体育项目，还引入了新兴体育项目，如攀岩、射箭、皮划艇等，满足学生多样化的运动需求。三是开展丰富多彩的体育活动，组织学生参加校运会、篮球比赛、足球比赛等体育赛事，举办趣味运动会、体育文化节等活动，激发学生的运动兴趣。四是加强体育教师队伍建设，定期组织教师参加培训和学习，提高教师的教学水平。

通过实施"学生体质强健计划"，该校学生的体质得到了明显改善。学校的体质健康监测数据显示，学生的身体素质指标，如身高、体重、肺活量、耐力等，都有了显著提高。学生的近视率、肥胖率也有所下降。学生的运动技能和体育素养也得到了提升，在各类体育比赛中取得了优异的成绩。该校学生在市小学生篮球比赛中获得了冠军，在省小学生运动会上获得了多项奖项。

健康中国

健康中国建设思想为教育领域尤其是中小学体育教育，提供了极为重要的指引。在当下全面推进健康中国战略的大背景下，这一思想正逐步彰显出其对中小学体育教育的深远影响力。它从宏观层面深刻地阐明了体育教育绝非仅仅局限于学校课程体系中的一个普通组成部分，而是在促进学生身心健康发展进程里扮演着无可替代的关键角色，同时，对于提升整个国民健康水平而言，中小学体育教育更是奠定基础的关键一环。

从促进学生身心健康角度来看，健康中国建设思想促使中小学体育教育更加关注学生个体的全面成长。在日常教学中，不再单纯以体育技能传授为目标，而是注重通过多样化的体育活动，如趣味田径、团队篮球、活力跳绳等，帮助学生释放学习压力，增强心理韧性，培养积极乐观的生活态度。同时，科学合理的体育课程安排，有助于学生塑造良好体态，提升身体素质，预防各类疾病，为其一生的健康奠定坚实基础。

从提升国民健康水平的宏观视角出发，中小学作为国民教育的基础阶段，其体育教育的成效将直接影响未来国民的整体健康素养。当一代又一代中小学生在健康中国建设思想引领下，养成热爱运动、坚持锻炼的良好习惯，步入社会后，他们将带动更多人重视健康，形成全社会关注健康、积极参与体育锻炼的良好氛围，进而推动国民健康水平的稳步提升。

传播健康教育理念

在体育教育中推广健康教育理念，需要创新教学方法和内容。教师可以采用案例教学法，通过讲述实际生活中的健康案例，如运动损伤的处理、疾病的预防等，让学生深刻理解健康知识的重要性。在讲解运动损伤的预防和处理时，教师可以结合实际案例，详细介绍运动损伤的原因、症状和处理方法，让学生学会如何在运动中保护自己。

教师还可以利用多媒体资源，如视频、图片等，直观地展示健康知识和技能。通过播放健康知识科普视频，让学生了解合理饮食、心理健康等方面的知识；通过展示运动技能的图片和视频，让学生更好地掌握运动技巧。教师可以播放一段关于合理饮食的视频，介绍各种食物的营养成分和搭配方法，让学生了解如何通过饮食保持健康。

学校可以开展健康教育活动，如健康知识讲座、健康知识竞赛等，增强学生的健康意识。邀请专家来校举办健康知识讲座，向学生传授健康知识和生活方式；组织学生参加健康知识竞赛，激发学生学习健康知识的兴趣。学校可以举办一场健康知识竞赛，设置多个环节，如必答题、抢答题、风险题等，让学生在竞赛中巩固健康知识。

塑造健康生活方式

体育教育在助力学生养成健康生活方式的征程中，宛如一座明亮的灯塔，发挥着无可替代的关键作用。学校精心制订科学合理的体育课程以及丰富多元的活动计划，恰似为学生铺就了一条通往健康生活的坚实道路，有力地引导着学生逐步养成规律的运动习惯。

学校每日安排课间操，让学生在上午的学习间隙，能够暂时放下手中的书本，活动筋骨，抖擞精神。而课外活动时间的设置，更是给予了学生充足的空间与时间去尽情释放活力。在校园的操场上，能看到学生们奔跑、跳跃、挥洒汗水的身影。有的学生热衷于篮球，在球场上积极地运球、传球、投篮，享受着团队协作与竞争的乐趣；有的学生钟情于跑步，沿着跑道一圈又一圈地前进，锻炼着自己的耐力与毅力。通过这样规定时间内的体育锻炼，学生们逐渐适应并习惯了每天运动的节奏，日复一日，每天运动的习惯便在不经意间深深扎根于他们的生活之中。

教师在体育教学的课堂上，不仅传授运动技能，更是健康生活知识的传播者。在讲解合理饮食时，教师详细阐述合理饮食的原则和方法，借助丰富的图片、生动的实例，向学生展示多吃蔬菜水果对身体的益处，告诫学生要少吃油腻食物，避免给身体带来过多负担。比如，教师会提到，西蓝花富含多种维生素和矿物质，有助于增强免疫力；而炸鸡等油腻食物，虽然口感诱人，但过多食用可能导致肥胖等健康问题。在讲述充足睡眠的重要性时，教师会结合人体生理机能的知识，建议学生每天保证足够的睡眠时间，如小学生应保证 10 小时左右，中学生也需保证 8～9 小时，让学生明白只有充足的睡眠，才能使大脑和身体得到充分休息，从而以饱满的精神状态投入学习和生活中。

学校深知家庭在学生成长过程中的重要影响力，因此积极加强与家庭的紧密合作，携手共同促进学生健康生活方式的养成。学校通过家长会这一平台，邀请专业的健康专家为家长们举办讲座，深入浅出地介绍如何帮助孩子养成健康生活方式。专家会详细讲解如何合理安排孩子的饮食，如一日三餐的营养搭配，早餐要包含谷类、蛋白质、蔬果等，为孩子提供充足的能量开启新的一天；午餐应荤素搭配，保证营养均衡；晚餐则不宜过于油腻，且要适量。在鼓励孩子进行体育锻炼方面，专家会建议家长以身作则，陪伴孩子一起运动，像周末可以全家一起去公园散步、骑自行车等。此外，学校还利用家长微信群，定期分享健康生活知识和运动小贴士，提醒家长时刻关注孩子的健康，督促孩子养成良好的生活习惯。家长们在微信群里积极交流经验，互相学习借鉴，形成了良好的家校共育氛围。

防范心理健康问题

在当今快节奏的学习生活中，学生们面临着各种各样的压力，心理健康问题日益凸显。而体育教育在预防学生心理健康问题方面，正发挥着不可小觑的积极作用。

体育活动宛如一场奇妙的生理变革，当学生投身其中，大脑便会开启"快乐制造机"。以跑步为例，每一次步伐的交替，每一次呼吸的调整，都在促使大脑分泌内啡肽等神奇的神经递质。这些物质如同心灵的"魔法药水"，能悄然改善学生的情绪状态。曾经那些笼罩在心头的阴霾，在它们的影响下逐渐消散，压力与焦虑也仿佛被一股无形的力量驱赶。篮球场上，学生们尽情挥洒汗水，每一次精准的投篮，每一次巧妙的传球，都能让他们感受到快乐与满足，内心的压力随着一次次的得分与欢呼得以释放。

体育教学更是培养学生社交与团队能力的摇篮。教师精心组织的足球比赛，就像是一场充满挑战与机遇的冒险之旅。在球场上，学生们不再是孤立的个体，他们需要与队友紧密沟通，制订战术。前锋需要敏锐捕捉进攻时机，而后卫则要时刻保持警惕，守护防线。拔河比赛亦是如此，每一位参与者都深知团队的力量。大家齐心协力，口号声震耳欲聋，在这个过程中，学生们的团队合作精神得以培养，社会适应能力也逐步提升。在与队友的互动中，他们收获了支持与帮助，自信心如春笋般节节攀升，归属感也愈发强烈。

学校在关注学生心理健康方面，同样有着不可或缺的责任。开展丰富多样的心理健康教育活动，是帮助学生树立正确心理健康观念、提升心理素质的关键。心理健康讲座邀请心理专家深入浅出地传授心理健康知识，面对学习压力这一学生们普遍面临的难题，专家会详细讲解应对方法和技巧。比如，通过放松训练，学生们可以学会在紧张时刻调整呼吸，放松肌肉，让紧绷的神经逐渐舒缓。情绪调节方面，专家会分享如何识别自己的情绪，并用恰当的方式表达与宣泄。学校设立的心理咨询室，更是学生心灵的避风港。专业的心理咨询师会耐心倾听学生的烦恼，为他们排忧解难，及时化解心理问题。就像一场主题为"如何应对学习压力"的心理健康讲座，心理专家生动形象的讲解，将为学生们点亮一盏应对压力的明灯，指引他们在学习的道路上保持积极健康的心态。

案例：某中学通过开展心理健康教育活动提升学生心理韧性

某中学高度重视学生的心理健康发展，通过一系列精心策划且卓有成效的心理健康教育活动，显著提升了学生的心理韧性。

在课程设置方面，学校每周专门安排 1 节心理健康教育课。课程内容丰富多样，不仅涵盖基础的心理健康知识，如常见心理问题的表现、心理健康的标准等，还深入传授应对心理问题的实用方法，包括情绪调节技巧、压力应对策略以及积极思维培养等。授课教师采用案例分析、小组讨论、角色扮演等多种生动有趣的教学方式，让学生在轻松愉快的氛围中掌握知识，提升心理调适能力。

学校每月会邀请资深心理专家来校举办心理健康讲座。讲座主题紧密贴合学生的实际生活，全面覆盖学习压力、人际关系、情绪管理等多个关键方面。例如，在学习压力主题讲座中，心理专家通过剖析学生在面对繁重学业任务时的心理状态，分享高效的学习方法和时间管理技巧，帮助学生缓解焦虑情绪；在人际关系讲座里，专家通过情景模拟和互动交流，引导学生掌握良好的沟通技巧，学会理解他人、尊重差异，从而建立和谐的人际关系。

为了给学生提供及时、专业的心理咨询服务，学校专门设立了心理咨询室。心理咨询室环境温馨舒适，布置有柔和的灯光、舒适的沙发和绿植，营造出放松的氛围。该咨询室每天按时开放，学生可通过线上预约系统或直接前往咨询室进行预约。专业心理咨询师秉持着尊重、理解、保密的原则，耐心倾听学生的困扰，运用专业知识为学生提供个性化的心理辅导方案，帮助学生解决学习、生活、人际交往等方面的心理问题。

此外，学校还积极组织各类心理健康主题活动。像心理健康知识竞赛，通过设置必答题、抢答题、风险题等多种题型，涵盖心理健康知识的各个领域，激发学生主动学习心理健康知识的热情，培养他们的竞争意识和团队协作精神；心理健康手抄报比赛则给予学生充分发挥创意的空间，学生们精心设计手抄报版面，用文字和图画表达自己对心理健康的理解和感悟，在创作过程中进一步加深对心理健康知识的理解和记忆。

通过开展这些心理健康教育活动，该校学生的心理韧性得到了显著提升。根据学校的心理健康调查数据，学生的焦虑、抑郁等心理问题明显减少，学生的自信心和应对挫折的能力明显增强。在学习和生活中，学生能够更好地应对压力和挑战，保持积极乐观的心态。许多学生在面对学习困难时，能够积极寻求帮助，调整学习方法，克服困难；在面对人际关系问题时，能够主动沟通，解决矛盾，保持良好的人际关系。

数字中国

打造智慧体育架构

在数字中国建设思想的深度指引下，智慧体育建设已成为中小学体育教育发展不可逆转的崭新方向。智慧体育充分依托现代信息技术，将物联网、大数据、人工智能等前沿科技深度融入体育教学、训练、竞赛及管理等各个关键环节，实现全方位的智能化升级。

在体育器材与场地设施方面，通过巧妙嵌入传感器，便可实时、精准地收集学生丰富多样的运动数据。以运动强度为例，它能够清晰反映学生在体育活动中的能量消耗程度；运动轨迹可直观展现学生在场地中的移动路径，有助于分析其运动习惯与策略；而心率变化则是衡量学生运动负荷是否适宜的重要生理指标。比如，部分走在教育前沿的学校在篮球架上安装了智能感应设备，该设备功能强大，不仅能精准记录学生投篮的次数，还能精确统计命中率，同时对学生投篮姿势的相关数据进行详细采集与分析。这些宝贵的数据经过专业系统的深度剖析后，能够为教师提供极为精准的教学反馈。教师依据这些反馈，可以清晰洞察每个学生在篮球技能学习过程中的优势与不足，进而有针对性地调整教学策略，真正实现因材施教的个性化教学，让每个学生都能在体育教学中获得最适宜的指导与成长。

与此同时，智慧体育平台宛如一位贴心的运动顾问，能够为学生量身定制专属的运动方案。它依据学生详细的体能状况，全面考量学生的兴趣爱好，结合学生各自设定的运动目标，精心推荐最适合的体育项目与科学合理的训练计划。这种个性化服务模式极大地激发了学生参与体育活动的积极性与主动性，让学生从被动接受体育教育转变为主动探索体育世界的乐趣。

实现体育资源的数字化整合

体育资源数字化是数字中国建设在体育教育领域得以切实落地的关键核心举措。中小学体育教学所涉及的资源极为丰富多样，涵盖了体育教材、教学视频、运动训练方法、体育赛事资料等诸多方面。将这些繁杂的资源进行数字化处理，并构建起统一、便捷的体育资源数据库，为师生随时随地获取和运用体育资源提供了极大的便利。

学校积极与专业的教育资源平台开展深度合作，通过整合各类优质体育教学资源，为教师备课打造了一个丰富的素材宝库。例如，当教师准备足球教学课程时，在这个庞大的资源库中，教师可以轻松下载到不同风格、详细全面的足球战术讲解视频，这些视频涵盖了从基础战术到高级战术的多种类型，满足不同教学阶段的需求；还能获取知名足球赛事的精彩片段，让学生感受顶级赛事的魅力与激情；同时，针对不同年龄段学生特点的足球训练方法文档也一应俱全，教师可根据学生实际情况挑选最适宜的训练方法。

学生同样能借助校园网络或移动终端便捷地访问资源库。在这里，学生可以自主选择学习感兴趣的体育知识和技能，无论是田径项目的技巧提升，还是体操项目的动作规范学习，都能找到丰富的学习资料。这不仅拓宽了学生的体育视野，还培养了学生自主学习的能力。此外，数字化体育资源具备更新迅速、易于共享的显著优势。它能够在第一时间将最新的体育教育理念、创新的教学方法以及新兴的运动项目信息传递给师生，确保体育教育始终紧跟时代步伐，与时俱进。

推进体育教学的智能化革新

体育教学智能化借助先进的技术手段，成功实现教学过程的自动化、智能化与个性化。虚拟现实（VR）和增强现实（AR）技术的应用，为体育教学带来了前所未有的变革。通过这些技术，能够创设出高度逼真的体育教学情境，让学生仿佛身临其境般感受不同体育项目的独特魅力。

以体操教学为例，运用 VR 技术，学生瞬间置身于专业的体操赛场环境中，周围是欢呼的观众和专业的裁判。在虚拟教练的耐心指导下，学生可以精准地进行动作学习和训练。这种沉浸式的学习体验，极大地激发了学生的学习兴趣，学生仿佛成了赛场上的主角，全情投入体操学习中，学习效果也得到了显著提升。

智能教学系统宛如一位智能学习管家，能够根据学生在课堂上的实时表现和学习进度，自动、精准地调整教学内容和难度。比如在田径短跑教学中，系统通过先进的传感器和分析算法，若检测到部分学生起跑反应速度较慢，会立即自动推送针对性极强的起跑训练课程和练习任务。这些课程和任务专门针对学生的薄弱环节设计，包括起跑姿势的纠正、反应速度的专项训练等，帮助学生迅速改进不足，提升短跑能力。

同时，在线教学平台的广泛应用，打破了传统教学时间和空间的限制。教师可以随时随地开展远程教学和指导，无论学生身处校园还是家中，都能接受到教师的专业指导。学生在课后遇到体育学习问题时，也能通过在线平台及时向教师请教，为学生提供了更为便捷、高效的体育学习服务。

促进体育科研的数字化转型

体育科研数字化在提升中小学体育教育质量方面发挥着至关重要的推动作用。数字化技术为体育科研提供了一系列高效的数据收集、分析和研究工具。通过可穿戴设备和先进的运动监测系统，能够大规模、长时间地收集学生在日常体育活动和课堂教学中的运动数据。这些海量的数据为研究学生的运动行为模式、体能发展规律以及运动损伤预防等提供了丰富、详实的素材。

运用数据挖掘和统计分析软件，科研人员如同拥有了一把开启数据宝藏的钥匙，可以从海量的数据中深度挖掘潜在的规律和问题。这些发现为体育教学改革和课程设计提供了坚实的科学依据。例如，科研人员通过对多所学校学生体质健康数据的长期跟踪分析，惊讶地发现某一特定年龄段学生在耐力项目上的表现普遍不佳。基于这一发现，科研人员深入研究影响耐力发展的因素，从运动生理学、心理学、训练方法等多个维度进行剖析，最终提出针对性强、切实可行的教学干预措施，为提升学生耐力素质提供了科学指导。

此外，数字化科研平台搭建起了一座体育科研成果交流与共享的桥梁。中小学体育教师能够通过这个平台，及时了解国内外最新的体育科研动态，掌握前沿的科研成果。教师们将这些先进的科研成果巧妙应用于教学实践，不断改进教学方法，优化教学过程，从而有效提升教学水平，为学生提供更优质的体育教育服务。

案例：某学校利用智能设备提升体育教学精准度

某学校积极响应数字中国建设思想，大力推进智慧体育建设，利用智能设备显著提升了体育教学精准度。学校为每个学生配备了智能运动手环，该手环能够实时监测学生的心率、运动步数、卡路里消耗等数据，并将这些数据同步传输至学校的体育教学管理平台。在体育课堂上，教师通过平板电脑登录管理平台，可随时查看每位学生的运动数据。例如，在长跑课程中，教师能根据学生的心率变化及时调整运动强度。当发现部分学生心率过高，超出适宜运动范围时，教师会安排这些学生适当降低跑步速度或进行短暂休息，避免过度疲劳和运动损伤。同时，平台还能对学生的运动数据进行分析，生成个性化的运动报告。报告中不仅包含学生在各项体育活动中的表现评估，还为学生提供改进建议和下一阶段的运动目标。学生根据报告内容，有针对性地进行自主训练，提高了体育学习的效果。此外，学校还引入了智能投篮分析系统。在篮球教学中，学生投篮时，系统能快速分析投篮角度、力度、出手速度等参数，并将分析结果以直观的图表形式呈现给教师和学生。教师依据这些数据，为学生提供精准的投篮技巧指导，帮助学生快速提高投篮命中率。通过这些智能设备的应用，该校体育教学的精准度大幅提升，学生的体育学习兴趣和身体素质也得到了显著增强。

第二节 方略二：理论体系建设

把稳理论建设的"方向盘"

动作技能学习"窗口期"理论解读

动作技能学习"窗口期"理论是由《义务教育体育与健康课程标准》修订专家组成员于素梅提出的。她基于人的动作发展规律、认知发展规律、身体发育规律、身体素质发展敏感期、运动技能形成规律以及体育课程教学实践的需要等，提出了动作技能学习"窗口期"的概念，并建构了动作技能学习"窗口期"理论框架。该理论为破解一体化体育课程体系建设的理论难题提供了指导，为进一步深化体育课程教学一体化改革提供了理论保障。

该理论指出，在个体漫漫成长路中，隐匿着一些特定的时间段，宛如闪耀的黄金时刻。于这些特殊时段内，个体的神经系统发育、身体机能发展以及认知能力提升齐头并进，相互协作，使得个体对特定动作技能的学习，展现出超乎寻常的敏感性与可塑性，学习成效事半功倍。

以儿童 3～6 岁这一阶段为例，它宛如一座大肌肉动作发展的宝藏期。在这个充满活力的年龄段，儿童仿佛是对跑、跳、投等基本动作技能充满好奇的探索者。他们的身体像是被注入了探索的本能，对这些动作的学习能力犹如春天破土而出的幼苗，茁壮成长。此时，为儿童搭建丰富多样的体育活动舞台，至关重要。想象一下，幼儿园的操场上，孩子们欢快地奔跑嬉戏，在一次次的追逐中，他们的腿部肌肉力量不断增强，身体的协调性和平衡感也在不知不觉中得到锻炼；在一次次的跳跃尝试里，他们感知着身体在空中的姿态变化，为未来更复杂的动作技能积累着宝贵经验。这不仅能有效助力其大肌肉动作的发展，更如坚实的基石，为后续攀爬、球类等更复杂动作技能的学习筑牢根基。

而当儿童步入 7～12 岁，精细动作技能发展的"窗口期"悄然来临。此时，孩子们的手部仿佛被赋予了更细腻的感知能力和操控能力。以乒乓球、羽毛球这类需要手部精细操作的运动项目来说，就如同为他们量身定制的挑战。在这个阶段进行教学，仿佛是在为他们开启一扇通往精密操作世界的大门。教师手中的球拍轻轻一挥，孩子们便能迅速捕捉到动作的要领，他们的小手在握拍、挥拍的过程中，逐渐学会了精准控制力量的大小和方向。随着练习的深入，他们能够根据来球的速度和角度，灵活调整手部动作，展现出令人惊叹的学习天赋。

深入了解和精准把握动作技能学习的"窗口期"，无疑为中小学体育教学点亮了一盏明灯。它有助于教育者科学地筛选教学内容，合理安排教学顺序，让体育教学真正做到因材施教、有的放矢，从而最大限度地激发学生的运动潜能，助力学生在体育学习之路上稳步前行。

"窗口期"确立的科学依据

人体的发展是一个既连续又呈现出阶段性特征的复杂过程。从婴幼儿呱呱坠地的那一刻起，一直到青少年逐渐走向成熟，身体的各个系统犹如一部精密的机器，各自按照独特的时间表进行发育，其速度和成熟程度存在着显著的差异。

在儿童早期，神经系统的发育堪称迅速。婴儿在出生后的前几年，大脑神经细胞之间的连接以惊人的速度增长和优化。此时，大脑具有极强的可塑性，就像一块柔软的黏土，能够轻易地被塑造。这种生理基础为早期动作技能的学习提供了得天独厚的条件。例如，幼儿在1～2岁时开始学习走路，这个阶段他们的大脑积极地接收和处理来自肌肉、关节和内耳平衡器官的信息，不断调整身体的姿势和动作，以实现稳定地行走。由于大脑的高度可塑性，幼儿能够在相对较短的时间内掌握这一复杂的动作技能。

随着年龄的不断增长，骨骼和肌肉系统开始逐渐崭露头角。在儿童中期，骨骼的生长速度加快，骨密度逐渐增加，肌肉也开始变得更加结实。到了青少年时期，身体进入生长发育的高峰期，这一阶段身体的力量和耐力增长极为迅速。研究表明，在青春期，青少年的肌肉质量可增加40%～50%，最大摄氧量也会显著提高。在这个时期，适宜开展一些高强度的耐力训练和力量训练项目。长跑便是一个很好的例子，通过有规律的长跑训练，青少年的心肺功能能够得到极大的提升，耐力水平也会显著增强。而举重项目则可以有效地刺激肌肉生长，提高肌肉力量。但在进行这些高强度训练时，必须高度重视训练强度和方法。青少年的骨骼尚未完全成熟，过度的负荷或不正确的训练姿势可能会对骨骼发育造成不可逆转的损害，如导致骨骼生长畸形、骨骺过早闭合等问题。

为了科学地确定动作技能学习的"窗口期"，需要对人体发展规律进行深入细致的研究。这不仅仅是对身体发育的表面观察，还涉及对不同年龄段学生身体特征和心理特点的全面剖析。身体特征方面，除了骨骼、肌肉和神经系统的发育状况外，还包括身体的柔韧性、协调性、平衡能力等多个维度。心理特点同样不容忽视，儿童在不同阶段的注意力集中程度、学习兴趣、自我认知和意志品质等都有所不同。例如，儿童早期往往对新鲜事物充满好奇，注意力集中时间较短，适合通过趣味性强的活动来学习动作技能；而青少年则更加注重自我表现，具有较强的竞争意识，此时可以通过比赛等形式激发他们的学习动力。通过综合考虑这些因素，能够更为精准地把握动作技能学习的最佳时机，这不仅能够大幅提高体育教学的效率，避免时间和精力的浪费，还能为学生身体的健康发育和运动能力的提升提供有力的支持，让学生在最合适的时间学习最适合的动作技能，达到事半功倍的效果。

重塑课程设计与教学策略

在课程规划方面，学校扮演着至关重要的角色。学校必须依据不同年龄段学生所处的"窗口期"，精心合理地安排体育教学内容。在小学低年级阶段，学生的身体正处于大肌肉群初步发展的时期，他们的动作往往较为粗放，精细动作控制能力较弱。因此，这一阶段的重点应设置以发展大肌肉动作和基本运动能力为主的课程。体育游戏便是一种非常有效的教学形式，例如"老狼老狼几点了"的游戏，学生在奔跑、停顿和反应的过程中，锻炼了腿部大肌肉的力量和运动协调能力。简单的体操，如广播体操，不仅能够帮助学生规范身体姿势，还能促进大肌肉群的协同发展，增强身体的节奏感和协调性。

随着年级的逐步升高，学生的身体机能不断提升，神经系统对动作的控制能力也日益增强。此时，便可以逐步引入需要精细动作控制和复杂运动技巧的项目。以篮球为例，篮球运动需要学生具备良好的手眼协调能力、空间感知能力以及对复杂动作的快速反应能力。在小学高年级和初中阶段，学生开始接触篮球课程，通过运球、传球、投篮等基础动作的练习，逐步提高精细动作的控制水平。排球同样如此，学生需要精准地控制击球的力度、角度和位置，这对他们的动作协调性和空间判断能力提出了较高的要求。通过在合适的"窗口期"引入这些项目，学生能够更好地掌握运动技能，提高学习效果。

在教学过程中，教师作为学生学习的引导者，要深刻理解并依据"窗口期"理论，精准把握教学时机，巧妙运用适宜的教学方法和手段。对于处于"窗口期"的动作技能，增加练习的频率和强度是激发学生学习潜能的关键。以小学中年级学生为例，这个阶段正是他们灵敏性和协调性发展的"窗口期"。教师可以设计丰富多样的灵敏性训练活动，障碍跑便是一种极具趣味性和挑战性的方式。在障碍跑的过程中，学生需要迅速地跨越、绕过各种障碍物，这不仅考验了他们的身体灵敏性，还锻炼了其反应速度和空间感知能力。绳梯训练也是一种非常有效的方法，学生在绳梯上进行快速的脚步移动练习，能够显著提高脚步的灵活性和协调性。通过这些有针对性的训练，学生在"窗口期"内能够最大限度地提升相关动作技能。

然而，每个学生都是独一无二的个体，由于遗传因素的差异，有的学生可能天生具备更好的身体素质和运动天赋，其动作技能学习的"窗口期"可能会提前或表现得更为明显；而生活环境的不同也会对学生产生影响，例如经常参加户外活动的学生，其身体的协调性和适应能力可能相对较强。因此，教师在教学过程中必须高度关注个体差异，因材施教。对于身体素质较好、学习能力较强的学生，可以适当提高训练的难度和强度，为他们提供更多的挑战和发展空间；而对于身体素质相对较弱、学习进度较慢的学生，则需要给予更多的耐心和指导，降低训练难度，逐步帮助他们建立信心，提高运动能力。只有这样，才能真正满足不同学生的学习需求，让每个学生都能在体育学习中收获成长和进步，实现动作技能学习"窗口期"理论在体育教学中的最大价值。

案例：某小学依据"窗口期"理论优化体育课程设置

在教育理念不断革新的当下，某小学敏锐地捕捉到动作技能学习"窗口期"理论对体育教学的重大价值，积极主动地将这一理论融入体育课程设置的优化工作中。学校深知，唯有精准把握学生在不同年龄段的身体发展特性与动作技能学习规律，才能为学生提供最适宜、最高效的体育教育。

为此，学校迅速组织了体育教师与教育专家团队，展开了一项针对不同年龄段学生的深入研究。他们查阅大量专业资料，观察学生日常运动表现，结合"窗口期"理论，精心制订出一份详尽且科学的体育课程规划。

一年级和二年级的学生，正处于身体发育的基础阶段，基本运动能力和大肌肉动作的发展至关重要。学校为这两个年级精心设计了丰富多样的体育游戏课程。像"小兔子跳跳跳"游戏，学生们扮成活泼的小兔子，在跳跃的过程中，不断锻炼腿部肌肉力量，提升跳跃能力。"小熊运球"游戏则让学生们模仿小熊搬运物品，双手抱球奔跑，有效锻炼了学生的跑步速度以及身体的平衡感。这些游戏充满童趣，色彩鲜艳的道具、生动活泼的音乐，极大地吸引了学生的注意力，课堂上学生们欢声笑语，积极踊跃地参与其中，在欢乐的氛围里，跑、跳、平衡等基本动作技能得到了有效的锻炼。

当学生升入三年级、四年级，灵敏性和协调性发展的"窗口期"来临。学校及时调整课程内容，增设了体操和跳绳课程。体操课程中，教师们耐心地从最基础的站立姿势教起，细致地纠正学生每一个动作的偏差，帮助学生塑造优美的身体姿态，培养良好的动作协调性。跳绳课程同样精彩，从单人跳绳到多人跳绳，从双脚跳到单脚跳，难度逐步递增。学校还组织了跳绳比赛，学生们为了在比赛中取得好成绩，课余时间也积极练习，不仅手脚协调能力和节奏感大幅提升，学习兴趣和竞争意识也被充分激发。

五年级和六年级的学生，认知能力和身体素质有了进一步发展。此时，学校引入了篮球、足球等球类项目课程。在篮球课上，学生们学习运球、传球、投篮等技巧，通过小组对抗赛，培养团队协作能力，学会在比赛中观察局势，制订战术。足球课上，学生们在绿茵场上尽情奔跑，不仅锻炼了耐力、速度等身体素质，还明白了团队配合的重要性，战术思维也在一场场比赛中逐渐形成。

通过依据"窗口期"理论有条不紊地优化体育课程设置，该校学生发生了显著变化。课堂上，学生们的眼神中充满对体育课的期待，积极主动地参与各项运动。在近期的体质健康测试中，该校学生的达标率和优秀率均远超同地区其他学校，这一优异成绩充分证明了优化课程设置的成功。学校也将继续秉持科学的教育理念，不断探索创新，为学生的健康成长保驾护航。

夯实理论发展的"压舱石"

运动需求理论的建构研究

运动需求理论着重关注学生在体育学习进程中的多元需求，涵盖生理、心理以及社会等多个维度。从生理需求层面来看，学生参与体育锻炼对于促进身体的茁壮成长、强化体质以及提升运动技能具有不可忽视的作用。不同年龄阶段的学生，其生理需求呈现出显著的差异。以小学生为例，他们正处于身体发育的基础阶段，这一时期更为注重基本动作技能的学习以及身体协调性的培育。像是在日常的体育课程中，简单的跳绳、踢毽子等活动，能够有效锻炼小学生的手脚协调能力，帮助他们掌握正确的跳跃、踢腿等基本动作。而中学生随着身体的快速发育，开始对力量、耐力和速度等身体素质的提升展现出强烈的渴望。比如，在学校运动会的长跑项目中，中学生们积极参与，通过长期的训练来增强自己的耐力；在篮球、足球等球类运动中，他们努力提升自己的爆发力和速度，以在比赛中取得更好的表现。

在心理需求方面，学生期望借助参与体育活动来获取成就感、树立自信心，同时释放学习过程中积累的压力，塑造坚韧不拔的意志品质。在体育比赛里，当学生通过自身的努力赢得胜利时，那种油然而生的成就感能够极大地增强他们的自信心。例如，在学校的乒乓球比赛中，某学生经过多轮激烈角逐最终夺冠，这一经历不仅让他对自己的乒乓球技术充满信心，还将这份自信延伸到学习和生活的其他方面。而在面对诸如高难度的体操动作或者高强度的体能训练等具有挑战性的体育任务时，学生们凭借顽强的毅力坚持下来，这一过程便是对他们意志品质的有效磨砺。

从社会需求角度而言，体育活动宛如一座搭建起人际交往的坚固桥梁。在团队运动项目中，学生们能够充分学习如何与他人展开合作、进行顺畅的沟通，进而培养出宝贵的团队精神和良好的社会适应能力。在一场校园足球比赛中，球员们需要相互配合，根据场上局势及时传递信息，共同制订战术，为了团队的胜利而齐心协力。通过这样的团队运动，学生们学会了倾听他人的意见，理解团队成员的不同角色和职责，这对于他们日后融入社会，适应各种工作和生活场景都具有深远的意义。构建运动需求理论，其核心目的在于全方位洞察学生的体育学习需求，为体育课程的改革以及教学实践提供更为精确、可靠的依据，使体育教育能够更好地服务于学生的全面发展。

传统运动分类体系的比较分析

相较于传统的体育课程分类体系，运动需求理论展现出更为强大的综合性与针对性。传统的分类体系一般依据运动项目的性质来进行划分，诸如田径、球类、体操等。这种分类方式在教学组织和管理方面确实具备一定的便利性，教师可以按照项目类别进行集中教学，便于场地、器材的安排和使用。然而，它存在一个明显的弊端，即常常忽略了学生个体之间千差万别的需求。

举例来说，在传统分类中，篮球和足球同属球类项目。但从学生需求的视角出发，情况则大不相同。部分学生可能对篮球运动中紧密的团队协作需求情有独钟，享受在球场上与队友默契配合，通过团队战术来赢得比赛的过程；而另一些学生或许更倾向于足球运动对个人技术和耐力的严苛挑战，沉醉于在广阔的足球场上凭借个人精湛的技术突破防线，长途奔袭。运动需求理论能够敏锐地捕捉到学生的这些不同需求，并以此为依据，将不同项目的教学内容进行巧妙的有机整合。对于热爱团队协作的学生，可以在篮球教学中增加更多关于团队战术配合的训练内容，同时引入一些团队建设的小游戏，强化他们的团队意识；对于追求个人技术和耐力挑战的学生，在足球教学中则可以着重提升他们的控球、传球技巧，并安排更多耐力训练课程，为学生量身定制更为个性化的体育学习方案。

此外，传统分类体系在对学生心理和社会需求的关注上存在明显不足。它更多地侧重于运动技能的传授和训练，而对于学生在体育学习过程中的心理体验以及社会交往能力的培养有所忽视。而运动需求理论旗帜鲜明地强调要全面满足学生的生理、心理和社会需求。在实际教学中，它不仅注重学生身体素质的提升，还会通过组织各种体育活动，关注学生的心理感受，帮助他们建立积极的自我认知，增强自信心。同时，积极为学生创造更多参与团队运动的机会，让他们在与同伴的互动中学会沟通、协作，更好地适应社会生活。例如，组织校园体育文化节，设置各种趣味运动项目，鼓励学生以团队形式参与，在活动过程中，学生们不仅锻炼了身体，还在与他人的合作中提升了心理调适能力和社会交往能力，使体育教学真正贴近学生的实际生活和成长需求，为学生的终身发展奠定坚实的基础。

理论对课程改革与教学实践的指导价值

运动需求理论在中小学体育教育领域中占据着极为关键的地位，对课程改革和教学实践有着不可忽视的推动作用。

在课程改革层面，该理论犹如一盏明灯，引导着学校和教师重新审视体育课程目标与内容设置。传统体育课程往往存在"一刀切"的弊端，难以满足学生多样化的运动需求。而基于运动需求理论，学校和教师得以从新的视角出发，以满足学生多元需求为导向，对课程结构进行深度优化。例如，某中学根据学生对运动技能提升、身心健康发展以及社会交往等不同需求，精心设置了多种类型的体育课程模块。其中，技能拓展模块涵盖了篮球、足球、羽毛球等专项技能的进阶训练，满足那些渴望在特定运动项目上精益求精的学生需求；健康促进模块侧重于有氧运动、柔韧性训练等，助力学生全面提升身体素质，促进身心健康；团队合作模块则通过拔河、接力赛等集体项目，培养学生的团队协作与沟通能力。学生能够依据自身兴趣和需求，自由选择相应课程模块，极大地提升了课程的针对性与吸引力。

在教学过程中，运动需求理论为教师提供了因材施教的重要依据。教师开始高度关注学生的个体差异，灵活运用差异化教学方法。以某小学为例，在一次田径教学中，对于身体素质较好、运动需求较高的学生，教师为他们安排了更具挑战性的训练任务，如参与校际田径比赛，通过高强度的竞技活动激发他们的潜能；而对于身体素质相对较弱、心理需求更突出的学生，教师则侧重于给予耐心鼓励和支持，从基础训练入手，帮助他们逐步克服困难，如鼓励胆小的学生先从短距离慢跑开始，逐渐树立体育学习的信心。这种因人而异的教学方式，充分尊重了每个学生的独特性。

通过满足学生的运动需求，运动需求理论切实有效地提高了学生的体育学习积极性和参与度。当学生能够参与到符合自身兴趣与需求的体育课程和活动中时，他们会更主动地投入时间和精力。如此一来，体育教学质量也得以显著提升，学生在身体素质、运动技能、心理健康以及团队协作等多方面都能得到全面发展，真正实现了体育教育的育人目标。

案例：某中学根据运动需求理论调整体育课程内容

在当今教育全面发展的大背景下，体育教育作为学生综合素质培养的关键一环，其重要性愈发凸显。某中学秉持着提升体育教学质量、全方位满足学生多样化运动需求的理念，依据前沿的运动需求理论，对体育课程内容展开了一系列深入且卓有成效的调整。

学校深知了解学生需求是改革的第一步，于是精心设计并开展了全面且细致的调研工作。通过精心编制涵盖运动兴趣、运动目标、期望运动强度等多维度问题的问卷调查，发放至全校各个年级的学生手中，同时组织经验丰富的教师团队，对不同年级、不同性别、不同学习成绩层次的学生展开一对一的深度访谈。经过对海量问卷数据的严谨分析以及对访谈内容的详细梳理，学校发现学生的运动需求呈现出极为明显的多样化特征。部分学生对竞技体育项目展现出浓厚兴趣，他们渴望在专业指导下不断提升自身运动技能水平，积极参与各类体育比赛，在赛场上展现自我、挑战极限；部分学生则将关注点聚焦在自身的身心健康上，期望借助体育课程缓解繁重学习带来的压力，逐步培养起良好的生活习惯，以健康的身心状态投入学习和生活中；还有一部分学生极为注重人际交往，期望通过体育活动搭建起与同学沟通交流的桥梁，结交更多志同道合的朋友，在团队协作中提升自身的综合能力。

基于这些精准调研结果，学校有条不紊地对体育课程内容进行了针对性优化。对于那些怀揣竞技体育梦想的学生，学校专门开设了体育特长班。在课程设置上，充分考量学生的兴趣偏好和身体条件，开设了篮球、足球、田径等多个专项训练课程。为了确保训练的专业性和科学性，学校不惜重金聘请了具有丰富教学经验和专业运动背景的教练。这些教练深入了解每个学生的身体状况、运动基础和潜力，为他们量身定制个性化的训练计划。从基础技能的反复打磨，到战术策略的深入讲解，再到体能的科学提升，每一个环节都精心安排。同时，学校积极组织学生参加校际比赛，让学生在实战中检验训练成果，积累比赛经验，激发自身的竞争意识和拼搏精神，充分满足学生对竞技体育的强烈追求。

针对关注身心健康的学生群体，学校增设了一系列特色课程。瑜伽课程中，专业瑜伽老师从基础的呼吸法教学入手，引导学生逐步掌握各种体式，在伸展、扭转和平衡的过程中，有效提升身体的柔韧性和平衡力。同时，老师注重营造宁静、舒缓的课堂氛围，帮助学生在繁忙的学习之余，找到内心的宁静，放松身心。普拉提课程同样注重身体核心力量的训练以及身体姿态的调整，通过一系列精准的动作练习，让学生在塑造良好体态的同时，达到身心的和谐统一。此外，学校还创新性地开设了心理健康与体育融合的课程。在该课程中，体育活动不再仅仅是身体的锻炼，更是心理疏导的有效途径。通过精心设计的团队合作游戏、户外拓展活动等，结合专业心理辅导老师的引导，帮助学生正确认识和应对学习与生活中面临的各种压力，培养他们积极乐观的心态和坚韧不拔的意志品质。

对于有社交需求的学生，学校大力推广团队运动项目。拓展训练课程别出心裁，设置了信任背摔、穿越电网、齐眉棍等多个极具挑战性的项目。学生们在这些项目中，必须相互信任、密切配合，才能共同完成任务。在一次次挑战中，学生们打破了彼此之间的隔阂，增进了了解和信任。班级篮球赛和足球赛更是成为学校的热门活动。在赛场上，学生们为了班级荣誉而战，他们在进攻与防守的转换中，学会了沟通与协作，学会了如何在团队中发挥自己的优势。这些活动不仅让学生们体验到了运动的乐趣，更让他们在团队协作中收获了珍贵的友谊，极大地提升了团队协作能力和人际交往能力。

经过一段时间的实施，学校通过再次问卷调查、学生座谈会以及家长反馈等多种方式，对课程调整效果进行了全面评估。结果令人欣喜，学生对体育课程的满意度大幅提升，参与体育活动的积极性明显增强。曾经对体育课程兴趣不高的学生，如今也主动参与到各类体育项目中。学校的体育氛围愈发浓厚，操场上、体育馆内，随处可见学生们运动的身影。在各项校际体育比赛中，学校的体育特长班学生也屡获佳绩，为学校争得了荣誉。这一系列积极变化充分证明，依据运动需求理论调整体育课程内容的举措，在该中学取得了显著成效，为学校体育教育的长远发展奠定了坚实基础。

架起理论转化的"连心桥"

构建幸福体育课程新范式

幸福体育课程模式，作为一种革新性的体育教育理念与实践新范式，将提升学生的体育学习幸福感奉为核心目标。在传统体育教学中，往往过度聚焦于技能的机械传授与体能的高强度训练，却在不经意间忽视了学生内心深处的情感诉求、兴趣偏好以及个性特质的发展。而幸福体育课程模式犹如一阵春风，吹散了传统教学的沉闷阴霾，着重在体育教学的全程中悉心关切学生的情感体验，将兴趣培养作为开启学生体育学习大门的钥匙，全面推动学生的个性发展。

营造轻松、愉悦、和谐的课堂氛围堪称幸福体育课程模式的关键举措。课堂不再是严肃刻板、令人望而生畏的场所，而是成为学生尽情享受体育活动乐趣的乐园。想象一下，在一片绿草如茵的操场上，阳光暖暖地洒下，微风轻轻拂过，学生们不再为了完成枯燥的训练任务而疲惫不堪，而是在欢快的氛围中尽情奔跑、跳跃、嬉戏。在这样的环境里，学生们在畅享体育活动乐趣的同时，能够更加自然、高效地掌握各类运动技能，身体素质也在潜移默化中得到显著增强。

幸福体育课程模式构建的精髓在于巧妙地将体育教学内容

与学生的兴趣爱好紧密相连。不同的学生犹如各具特色的花朵，有着迥然不同的兴趣爱好。有的学生对篮球场上的热血对抗情有独钟，有的学生则痴迷于舞蹈的优美韵律，还有的学生热衷于田径赛场上的风驰电掣。幸福体育课程模式充分尊重这些差异，在教学内容的设计上别出心裁。比如，对于喜爱篮球的学生，在教学中可以引入街头篮球的创意玩法，组织篮球技巧挑战赛，让学生在充满趣味和竞争的环境中提升篮球技能；对于热爱舞蹈的学生，开设融合现代流行元素与古典舞韵味的创意舞蹈课程，激发学生的舞蹈潜能。

采用多样化的教学方法和手段是激发学生学习热情的不二法宝。以游戏元素的融入为例，在教授足球课程时，可以设计"足球大冒险"游戏，将足球场模拟成一个神秘的冒险地图，设置各种关卡和任务，学生们分组扮演冒险者，在完成传球、射门等足球技能动作的同时，还要解开游戏中的谜题，成功抵达终点。这种充满趣味的情境教学，能让学生在不知不觉中全身心投入足球学习中，极大地激发他们的学习热情。又如，在进行田径教学时，引入故事背景，将短跑训练设计成"英雄拯救世界"的剧情，学生们扮演拯救世界的英雄，每一次起跑都是为了完成拯救任务，在这种充满使命感的故事氛围中，学生们的训练积极性被充分调动起来。

不仅如此，幸福体育课程模式还大力鼓励学生自主参与课程设计和教学评价。在课程设计环节，教师可以组织学生开展头脑风暴，让学生们畅所欲言，分享自己期望在体育课程中学习的内容和参与的活动。例如，学生们提出想要学习极限飞盘、瑜伽等新兴体育项目，教师可以根据学生的提议，合理调整课程安排，将这些项目纳入教学计划。在教学评价方面，摒弃传统的单一教师评价模式，增加学生的自我评价和互评环节。学生们在自我评价中，可以回顾自己在体育学习过程中的进步与不足，制订下一步的学习目标；在互评环节，学生们相互交流、相互学习，增进同学之间的友谊和团队协作能力。通过这种方式，学生的主体意识得到极大增强，学习积极性也空前高涨。

通过构建幸福体育课程模式，致力于打破传统体育教学中单纯注重技能训练的桎梏，实现体育教学从"以教为主"向"以学为主"的华丽转身。让学生从被动接受体育知识和技能的容器，转变为主动探索、积极参与体育学习的主人，真正爱上体育，尽情享受体育带来的幸福。

锚定育人目标的课程价值共振

中小学教育承载着培养德智体美劳全面发展的社会主义建设者和接班人的神圣使命，而体育教育在这一宏大育人体系中占据着举足轻重的地位。幸福体育课程模式与中小学育人目标恰似榫卯契合，相得益彰。

体育教育绝非仅仅局限于提升学生的身体素质，其对于学生全面发展的深远影响犹如涟漪般层层扩散。幸福体育课程模式以提升学生的体育学习幸福感为切入点，通过精心培育学生的体育兴趣和爱好，宛如在学生心中种下一颗热爱运动的种子，随着时间的推移，这颗种子将生根发芽，让学生逐渐养成终身锻炼的良好习惯。拥有健康的体魄是学生全面发展的基石，正如高楼大厦离不开稳固的地基。幸福体育课程模式下，学生们在积极参与体育活动的过程中，心肺功能得到增强，肌肉力量得以提升，身体的协调性和灵活性也显著改善，为他们在学习文化知识、参与艺术创作、投身社会实践等方面提供了坚实的物质保障。

在幸福体育课堂这片充满活力的天地里，团队活动丰富多彩。以一场篮球比赛为例，学生们被分成不同的队伍，在比赛中，他们需要密切配合，传球、挡拆、防守、进攻，每一个环节都需要团队成员之间的默契协作。在这个过程中，学生们逐渐明白团队的力量大于个人，学会倾听队友的意见，尊重他人的想法，从而培养出强大的团队合作精神。而在面对比赛中的落后局面或者训练中的困难时，比如连续投篮不中、难以掌握高难度的体操动作等，学生们需要鼓起勇气，坚持不懈地尝试，一次又一次地挑战自我，在这个过程中，坚韧不拔的意志品质悄然形成。同时，体育课堂也是一个小型的社会场景，学生们在这里与不同性格、不同背景的同学互动交流，学会适应各种人际关系，提升社会适应能力，这些非智力因素对于学生的成长成才而言，犹如羽翼之于飞鸟，不可或缺。

幸福体育课程模式尤为注重学生的个性发展。在体育活动的广阔舞台上，每个学生都是独一无二的主角。有的学生在跳高项目中展现出惊人的弹跳天赋，能够轻松跃过横杆，仿佛一只展翅翱翔的雄鹰；有的学生在武术表演中动作刚劲有力、行云流水，将中华武术的魅力展现得淋漓尽致；还有的学生在体育解说方面独具才华，能够生动地描述比赛场景，为观众带来别样的观赛体验。幸福体育课程模式敏锐地捕捉到学生的这些闪光点，为他们提供展示自我、发挥特长的机会，鼓励学生勇于突破常规，创新体育活动的玩法和训练方式。这与中小学育人目标中对学生综合素质培养的要求高度一致，致力于培养既有扎实专业知识，又具备创新精神和实践能力的新时代人才。

打通理论到实践的"最后一公里"

幸福体育课程模式宛如一座坚固而宏伟的桥梁，横跨在体育教育理论与实践的两岸，实现了二者的紧密融合与有机互动。

从理论层面深入剖析，它宛如一个知识的宝库，融合了教育学、心理学、体育学等多学科的理论精华。人本主义教育理论宛如一颗璀璨的明星，在幸福体育课程模式的天空中熠熠生辉。该理论旗帜鲜明地倡导以学生为中心，将学生的情感和需求置于教育的核心位置。在幸福体育课程中，教师时刻关注学生的喜怒哀乐，了解他们在体育学习中的困惑与期待，根据学生的实际情况调整教学策略。例如，当发现学生对某一体育项目表现出恐惧情绪时，教师会耐心倾听学生的心声，通过心理疏导和逐步引导的方式，帮助学生克服恐惧，重新建立对该项目的信心。动机理论则为幸福体育课程模式提供了强大的动力引擎，该理论明确指出兴趣是激发学生学习动力的关键因素。幸福体育课程模式正是紧紧抓住这一关键，通过挖掘学生的兴趣点，将其巧妙融入教学内容和方法中，让学生在兴趣的驱使下积极主动地参与体育学习。

在实践领域，幸福体育课程模式通过一系列具体且切实可行的教学方法、精心设计的课程内容以及科学合理的教学评价等环节，将抽象的理论知识转化为生动鲜活的教学实践。在教学方法的选择上，情境教学法和游戏教学法被广泛应用。以情境教学法为例，在教授游泳课程时，可以将泳池模拟成海底世界，学生们扮演成勇敢的潜水员，在探索神秘海底的过程中学习游泳技巧。在这个过程中，学生们仿佛置身于一个充满奇幻色彩的世界，忘记了学习的疲惫，全身心地投入游泳学习中。游戏教学法则在体育教学中营造出轻松愉快的氛围，比如在进行排球教学时，组织"排球接力大比拼"游戏，学生们分组进行排球传递，在紧张刺激的比赛中掌握排球的基本传接球技巧。

课程设计方面，充分尊重学生的兴趣和需求，设置多样化的体育课程内容。除了传统的篮球、足球、田径等项目外，还引入了攀岩、射箭、飞盘等新兴体育项目。对于不同年龄段和不同兴趣爱好的学生，都能在课程中找到适合自己的体育项目。例如，针对小学生活泼好动、好奇心强的特点，开设趣味十足的亲子体育课程，家长和孩子一起参与体育活动，增进亲子关系的同时，也培养了孩子对体育的热爱；对于中学生，则根据他们对个性化和挑战性的追求，设置拓展训练课程，如野外生存挑战、团队定向越野等，锻炼学生的意志品质和团队协作能力。

教学评价环节同样独具特色，幸福体育课程模式格外注重过程性评价和学生的自我评价。过程性评价贯穿于体育教学的全过程，教师不再仅仅关注学生的最终成绩，而是更加留意学生在学习过程中的每一个进步和努力。例如，在学生学习体操的过程中，教师会对学生的每一次动作改进给予及时的肯定和鼓励，记录学生的成长轨迹。学生的自我评价则让学生成为学习评价的主人，他们可以根据自己设定的学习目标，对自己在体育学习中的表现进行反思和总结。比如，学生在学期初制定了提高自己长跑速度的目标，在学期末通过对比自己的跑步成绩和训练过程中的感受，对自己的学习效果进行评价，发现自己的优点和不足，为下一阶段的学习制订更合理的计划。通过这种方式，幸福体育课程模式成功地将抽象的理论知识与具体的体育教学实践紧密结合，不仅推动了体育教育理论在实践中的创新应用，也为体育教学实践的发展注入了源源不断的活力，促进了体育教育事业的蓬勃发展。

案例：某学校实施幸福体育课程模式提升学生体育兴趣

某学校积极探索幸福体育学课程模式，在提升学生体育兴趣方面取得了显著成效。学校在体育教学中，根据不同年级学生的特点，精心设计教学内容与活动形式。

对于低年级学生，学校将体育课程与趣味游戏深度融合。例如在一次以"森林探险"为主题的体育课中，教师设置了多个关卡，学生需要模仿小动物跳跃过"小溪"（用彩色胶带标记的地面区域）、攀爬"小山"（小型攀爬架）、钻过"山洞"（用体操垫搭建）。在这个过程中，学生不仅锻炼了跑跳、攀爬、钻爬等基本运动技能，还仿佛置身于充满奇幻色彩的森林故事中，极大地激发了他们的好奇心与参与热情。教师在游戏过程中适时给予鼓励与指导，让学生在轻松愉快的氛围中感受到体育活动的乐趣，逐渐培养起对体育课程的兴趣。

中年级学生则更注重合作与竞争意识的培养。学校开展了"团队接力大比拼"活动，将学生分成若干小组，进行篮球接力、跳绳接力、接力障碍跑等项目。每个小组的学生需要相互协作，共同完成比赛任务。在这个过程中，学生们为了小组荣誉全力以赴，既增强了团队合作能力，又在竞争氛围中提升了对体育项目的专注度和参与积极性。同时，教师会在活动后组织学生进行讨论，总结经验教训，进一步强化学生的团队意识和对体育活动的理解。

高年级学生具有更强的自主意识和探索精神。学校为此开设了体育拓展课程，包括攀岩、射箭等具有挑战性的项目。在攀岩课程中，教师首先通过多媒体设备向学生展示攀岩运动的魅力和技巧，激发学生的兴趣。然后，在专业教练的指导下，学生逐步尝试攀爬不同难度的岩壁。在这个过程中，学生需要克服内心的恐惧，不断挑战自我。当他们成功登顶时，所获得的成就感和自信心极大地提升了对体育的热爱。此外，学校还组织了体育社团活动，让学生根据自己的兴趣爱好选择社团，如足球社、篮球社、舞蹈社等。社团活动由学生自主管理，教师提供指导和支持。学生们在社团中可以自由地交流体育技能和心得，进一步拓展了体育兴趣的广度和深度。

在课程设计方面，学校充分考虑学生的兴趣需求。除了常规的体育课程外，还增设了选修课程，如轮滑、武术、瑜伽等。学生可以根据自己的喜好选择课程，满足个性化的学习需求。同时，学校定期开展体育文化节、运动会等活动，将体育与文化、艺术相结合，营造浓厚的体育氛围。在体育文化节上，学生们不仅可以参与各类体育比赛，还能欣赏到体育主题的绘画、摄影展览，以及体育历史文化讲座等活动。这些活动丰富了学生的体育体验，让他们从多个角度感受体育的魅力，进一步激发了体育兴趣。

在教学评价环节，学校摒弃了传统的单一成绩评价方式，采用多元化的评价体系。除了关注学生的运动技能掌握情况，还注重学生的学习态度、进步幅度、团队合作能力以及在体育活动中的情感体验等方面。例如，教师会通过课堂观察、学生自评和互评等方式，全面了解学生在体育课程中的表现。对于那些在学习过程中积极努力、有明显进步的学生，即使他们的运动技能水平不是最高的，也会给予充分的肯定和奖励。这种评价方式让更多的学生感受到自己在体育学习中的价值，增强了他们的自信心和学习动力，从而更加积极地参与体育活动。

通过实施幸福体育课程模式，该校学生对体育的兴趣得到了极大提升。在一项针对全校学生的体育兴趣调查中，超过85%的学生表示非常喜欢上体育课，相比实施该模式之前提高了30个百分点。学校的体育氛围日益浓厚，学生们在课余时间主动参与体育活动的人数明显增加，身体素质和综合素养也得到了全面提升。这充分证明了幸福体育课程模式在激发学生体育兴趣、促进学生全面发展方面的有效性。

立起理论评价的"度量衡"

制订"学生运动能力等级标准"

在当今教育环境下，体育教育的重要性日益凸显，而制订"学生运动能力等级标准"成为推动中小学体育教学科学化、规范化发展的关键举措。这一标准的诞生，旨在为体育教学提供一个全面、科学、客观且可量化的评价依据，让体育教育的成效能够得到精准衡量。

该标准从多个关键维度出发，对学生的运动能力进行细致剖析与等级划分。在身体素质维度，全面涵盖了力量、耐力、速度、灵敏、柔韧等基本素质指标。以力量素质为例，针对不同年龄段的学生，会设定符合其身体发展规律的力量测试项目，如小学低年级可能通过简单的握力测试来初步评估学生的手部力量，而中学阶段则可能引入俯卧撑、引体向上等项目，综合考量学生上肢、核心以及全身的力量水平。耐力方面，小学中高年级可能通过 50 米 ×8 往返跑测试学生的心肺耐力，到了中学则以 800 米（女生）、1000 米（男生）长跑作为重要的耐力考核项目。速度素质可通过 50 米跑进行测量，灵敏素质则可以利用绕杆跑等项目进行评估，柔韧素质则借助坐位体前屈等经典测试方法来判断。

在运动技能维度，依据不同体育项目的独特特点，制订了极为详尽的技能水平要求。以篮球项目来说，对学生的运球、传球、投篮、防守等技能进行了细致入微的分级。对于初学者，运球技能可能只要求能够在原地稳定运球，而随着等级提升，则要求学生能够进行行进间运球、变向运球等复杂动作。传球技能方面，从最初的双手胸前传球准确性，逐渐发展到能够在对抗情境下精准地进行单手肩上传球、击地传球等。投篮技能从近距离的低难度投篮，逐步过渡到中远距离、高难度的跳投等。防守技能也从最基本的站位姿势，发展到能够进行积极的干扰、抢断等动作。同样，在足球、田径、体操等其他体育项目中，也都有着类似的、贴合项目特性的技能分级标准。

运动认知维度同样不可或缺，它包含了学生对体育知识、运动原理、训练方法等方面的理解和掌握程度。体育知识涵盖了运动项目的规则、历史、健康常识等内容，例如学生需要了解篮球比赛的基本规则，包括走步、二次运球等违例情况，以及运动过程中的安全防护知识。运动原理方面，学生要明白不同运动对身体机能的影响，如为什么长跑能够提升心肺功能。训练方法的认知则要求学生掌握一些基础的自我训练技巧，比如如何通过间歇训练来提高自己的跑步速度。

通过对身体素质、运动技能、运动认知这些因素的全面、系统考量，一套完整且严谨的学生运动能力等级体系得以构建。这套体系具有很强的普适性，无论是小学低年级的学生，还是高中阶段的青少年，都能在其中找到与之对应的等级标准。它也能够精准反映学生在不同学习阶段的运动能力发展状况，无论是体育教学评价，还是教学目标的设定，都能够从中获得明确且可靠的方向指引。例如，教师可以根据学生当前所处的运动能力等级，制订出符合其实际水平的教学计划，帮助学生逐步提升运动能力。

破解传统体育评价难题

在过去，传统的体育教学评价暴露出了诸多亟待解决的问题。

首先，评价内容存在严重的单一性。在很多情况下，体育教学评价仅仅聚焦于学生的体育技能考核，比如在篮球教学评价中，只看重学生投篮的命中率，却忽视了学生身体素质的全面发展。一个学生可能投篮技术出色，但如果其耐力、灵敏等身体素质欠佳，在实际的篮球比赛中依然难以有出色表现。而且，传统评价也忽视了学生在学习过程中的努力程度，有些学生可能天赋并不出众，但通过自身不懈的努力取得了显著进步，然而在传统评价体系下，这种努力往往得不到应有的认可。同时，运动认知能力的提升也被忽略，学生即便对体育知识和运动原理有深入理解，但如果技能考核成绩不佳，也难以在评价中体现其优势。

其次，评价方式缺乏客观性。传统评价主要依赖教师的主观评价，这就不可避免地容易受到教师个人偏好等多种因素的干扰。例如，教师可能对某些学生印象较好，在评价时就会不自觉地给出较高分数，而对另一些学生则可能要求更为严格，导致评价结果失之偏颇。这种主观性还体现在评价过程缺乏科学的数据支撑，更多是凭借教师的直观感受，难以精准反映学生的真实运动能力。

再者，评价结果反馈不及时也是一大弊端。在传统评价模式下，学生在完成体育课程学习后，往往要等待较长时间才能得到评价结果。这就使得评价结果无法及时为学生的学习和教师的教学提供有效的改进建议。学生在不知道自己的问题所在的情况下，很难有针对性地进行学习和训练，教师也无法根据学生的即时表现调整教学策略。

而"学生运动能力等级标准"的出现，犹如一场及时雨，有效解决了这些长期存在的问题。它极大地丰富了评价内容，将学生体育学习的各个方面，包括身体素质、运动技能、运动认知等都纳入其中，促使教师从关注学生单一的技能发展，转变为重视学生的综合发展。在评价方式上，采用量化指标与定性评价相结合的科学方法。通过专业的测试设备和严谨的数据统计，如利用电子计时设备精确测量学生的跑步速度，运用专业的体能测试仪器评估学生的力量等身体素质，极大地提高了评价的客观性和准确性。同时，该标准能够及时地反馈学生的运动能力等级情况。学生通过测试，能够立即清楚了解自己在各个维度的优势和不足，例如知道自己的耐力较好但力量稍弱。教师也能依据评价结果，迅速调整教学策略，为学生制订个性化的学习计划。对于力量不足的学生，教师可以安排更多针对性的力量训练课程，从而有效促进学生运动能力的提升。

为体育教学改革提供评价基准支撑

在教学目标设定方面，该标准为教师提供了精准且明确的依据。不同年级、不同水平的学生有着各自独特的运动能力特征。教师借助这一标准，能够制定出极为具体、切实可行的教学目标。以初中一年级学生为例，根据运动能力等级标准，处于初级水平的学生，其身体协调性与运动技能掌握程度有限。此时，教学目标可设定为让学生熟练掌握如跑步、跳绳等基本运动技能，同时通过适量的体能训练提升他们的身体素质，像规定每周进行三次 20 分钟的耐力跑练习，逐步增强学生的心肺功能。而对于在运动能力方面已达到高级水平的高中年级学生，教学目标则可侧重于培养其专项运动能力，比如针对擅长篮球的学生，开展战术配合训练，提升他们在比赛中的决策能力与团队协作水平，并且注重培养他们的运动创新思维，鼓励学生在常规战术基础上，根据实际比赛情况创新战术运用。

在推动教学内容和教学方法改革上，"学生运动能力等级标准"也发挥了强大的驱动力。为助力学生达到相应等级，教师需要精心优化教学内容。例如，对于力量素质较弱的学生，除了常规的体育课程内容，教师可额外增加力量训练环节。在教学内容选择上，引入俯卧撑、深蹲等简单有效的力量训练项目。在教学方法上，摒弃单一枯燥的训练方式，采用多样化手段。游戏训练法便是很好的选择，组织学生进行"力量接力游戏"，将学生分成小组，依次完成规定数量的俯卧撑或深蹲，最先完成且动作规范的小组获胜。这种方式极大地提高了学生的学习兴趣，让学生在欢乐的氛围中达到训练效果。小组竞赛法同样效果显著，通过小组间的竞争，激发学生的斗志，促使他们更加积极主动地参与训练。

此外，该标准有力地促进了体育教学评价体系的完善。以往的体育教学评价可能存在片面性，过度侧重技能考核。如今，依据运动能力等级标准，评价体系更加全面，涵盖学生的运动技能提升过程、体能增长情况、参与体育活动的态度等多个维度。例如，在评价学生篮球技能时，不仅考察投篮命中率等技能指标，还关注学生在日常训练中的进步幅度、团队协作表现以及对篮球运动的热情与投入度。这种全面的评价结果能精准反馈教学过程中的优点与不足，为教师调整教学策略提供有力参考，进而形成教学与评价相互促进的良性循环，推动中小学体育教学改革不断深入发展。

案例：某学校依据标准开展体育教学评价改革

某学校积极响应教育部门的号召，依据"学生运动能力等级标准"开展体育教学评价改革，取得了良好的效果。学校首先组织体育教师深入学习"学生运动能力等级标准"的内涵和评价方法，让教师们充分理解该标准在体育教学中的重要性。然后，学校根据标准要求，结合本校学生的实际情况，制定了详细的体育教学评价方案。

在评价内容上，除了传统的体育技能考核外，增加了身体素质测试、运动认知水平考查以及学生在课堂上的表现评价等内容。身体素质测试包括50米跑、800米跑(女生)/1000米跑(男生)、立定跳远、坐位体前屈等项目，全面考查学生的速度、耐力、力量、柔韧等素质。运动认知水平考查通过课堂提问、课后作业、体育知识竞赛等方式进行，了解学生对体育理论知识、运动训练方法等的掌握情况。学生在课堂上的表现评价则涵盖了学习态度、参与度、团队合作能力等方面，由教师和学生共同参与评价。

在评价方式上，采用多元化的评价手段。对于体育技能和身体素质测试，使用专业的测试设备和软件进行数据采集和分析，确保评价结果的准确性。例如，在50米跑测试中，采用电子计时设备记录学生的跑步成绩；在立定跳远测试中，使用激光测距仪测量学生的跳远成绩。对于运动认知水平考查和课堂表现评价，采用教师评价、学生自评和互评相结合的方式。教师评价注重客观公正，根据学生的实际表现进行打分；学生自评让学生对自己的学习过程和成果进行反思和总结，提高自我认知能力；学生互评则促进了学生之间的交流和学习，培养了学生的团队合作意识和批判性思维能力。

评价结果反馈及时且全面。学校为每位学生建立了体育学习档案，记录学生在各个学期的运动能力等级情况以及各项评价指标的得分。每学期结束后，教师会根据评价结果为学生提供详细的书面反馈报告，报告中不仅指出学生的优点和进步之处，还针对学生存在的问题提出具体的改进建议和个性化的训练计划。学生和家长可以通过学校的在线教育平台随时查看学生的体育学习档案和反馈报告，了解学生的体育学习情况。

通过依据"学生运动能力等级标准"开展体育教学评价改革，该校学生的体育学习积极性明显提高。学生们更加清楚自己的体育学习目标和努力方向，主动参与体育锻炼的意识增强。教师也能够根据评价结果及时调整教学策略，优化教学内容和方法，提高了体育教学质量。在近期的区域体育竞赛中，该校学生取得了优异的成绩，充分展示了体育教学评价改革的成效。

第三节　方略三：实践体系建设

强化一体化体系建设

一体化体育课程体系的核心特征

一体化体育课程体系打破了传统体育课程按学段孤立设置的局面，呈现出连贯性、系统性和进阶性的显著特点。传统体育课程往往在不同学段各自为政，小学、中学的体育教学缺乏紧密联系，导致学生在体育学习过程中出现技能衔接不畅、知识断层等问题。而一体化体育课程体系彻底改变了这一状况。

从小学低年级开始，就着重于基础运动感知与简单技能的培养。这个阶段的孩子活泼好动，但身体协调性和认知能力有限。因此，课程设置如简单的拍手游戏、模仿动物行走等活动，让学生初步感知身体的运动方式，培养基本的节奏感和平衡感。随着年级升高，到了小学高年级，课程逐步提升动作的规范性与协调性。以广播体操教学为例，低年级时学生可能只是大致跟着节奏做出动作，而高年级则要求动作标准、规范，手臂伸展的角度、踢腿的高度等都有明确要求，通过反复练习，学生的动作协调性得到极大提升。

进入中学阶段，课程向更复杂的专项运动技能和战术学习过渡。在基础的田径项目教学中，这种进阶体现得尤为明显。小学阶段着重培养学生正确的跑步姿势、跳跃动作等基本技能，比如教导学生跑步时手臂如何自然摆动、双脚如何交替蹬地。而中学则在此基础上，深入开展短跑、中长跑、跳高、跳远等专项训练。在短跑训练中，会涉及起跑技巧、加速跑、途中跑和冲刺跑等不同阶段的技术要点，通过专业的训练方法，如间歇训练法、重复训练法等，提升学生的短跑速度和爆发力，进而提升学生的运动成绩和竞技能力。

课程内容的设置依据学生不同年龄段的身体发育特征和认知水平，形成了一个有机的整体。小学低年级学生骨骼柔软、肌肉力量弱，适合开展趣味性强、强度低的活动；小学高年级学生身体机能有所提升，可适当增加动作难度；中学阶段学生身体发育接近成熟，具备学习复杂专项技能的条件。例如，在篮球教学中，小学低年级先从简单的拍球、传球游戏入手，让学生熟悉球性；小学高年级学习基本的运球、投篮姿势；中学则进行战术配合、团队对抗等复杂内容的学习。这样的设置避免了教学内容的重复与脱节，让学生在每个阶段都能学到适合自己的体育知识和技能。

同时，一体化体育课程体系还强调体育知识、技能与健康观念的融合。在传统体育教学中，往往过于注重技能训练，而忽视了体育知识的传授和健康观念的培养。一体化课程体系改变了这种状况，不仅关注学生运动技能的提升，更注重培养学生的健康意识和良好的生活习惯。例如，在体育理论课上，会讲解运动生理学知识，让学生了解运动对身体机能的影响，以及如何合理安排运动强度和休息时间。在实践课中，教师也会随时强调运动安全、热身与拉伸的重要性等健康知识。通过这种融合，使学生在体育学习过程中实现身体素质与健康素养的协同发展，为学生的终身健康奠定基础。

对学校体育工作的促进作用

一体化体育课程体系有力地推动了学校体育工作的全面开展。在教学方面，它为教师提供了清晰的教学框架和目标导向。

以往教师在体育教学中可能会面临教学内容不明确、教学目标不清晰的问题，导致教学缺乏系统性。而一体化课程体系明确规定了各学段的教学内容和目标，教师能够更好地规划教学内容和教学进度，根据学生在不同学段的特点实施针对性教学。

小学体育教师明确知道在不同年级应重点培养学生哪些基础运动能力，为中学阶段的专项学习奠定基础。比如在一年级，主要培养学生的身体平衡能力，通过走平衡木、单脚站立等活动来实现；二年级则侧重于发展学生的灵敏性，设置躲闪游戏等课程内容。中学体育教师则能依据学生已有的运动基础，合理安排教学难度和训练强度。例如，对于有一定篮球基础的学生，在教学中可以增加战术配合的训练，而对于基础薄弱的学生，则先巩固基本的运球、传球技能。这有助于提高体育教学的质量和效率，减少教学的盲目性。

在学生培养方面，一体化课程体系使学生能够在长期、系统的体育学习中逐步提升自己的运动能力和综合素质。通过各学段的连贯学习，学生对体育的兴趣和热爱得以持续培养。小学阶段有趣味性的体育活动激发了学生对体育的初步兴趣，中学阶段更具挑战性的专项学习则进一步深化了这种兴趣。例如，一些学生在小学参加足球兴趣班，对足球产生了浓厚兴趣，进入中学后，随着足球技能的不断提升和团队比赛的参与，他们对足球的热爱愈发强烈，更容易养成终身锻炼的习惯。

此外，一体化体育课程体系还有利于学校整合体育资源，优化师资配置。在传统体育教学模式下，学校的体育资源可能存在浪费或分配不合理的情况。而一体化课程体系要求学校根据课程体系的要求，合理安排体育教师的专业培训和教学任务。

对于擅长小学基础体育教学的教师，可以安排在小学部任教，并参加相关的儿童体育教学培训；对于专项技能突出的教师，则可以负责中学阶段的专项教学，并参加专业技能提升培训。这样一来，提高了教师的教学水平和专业素养，促进学校体育工作的整体发展。同时，学校还可以根据课程需求，合理配置体育器材和场地资源，提高资源的利用效率，为学生提供更好的体育学习环境。

明晰学段衔接定位与效果

在教育体系中，体育教育占据着举足轻重的地位，而一体化体育课程体系更是为学生的全面发展提供了有力支撑。该体系在不同学段有着清晰且明确的定位，从而确保学生能够循序渐进地提升体育素养。

在小学阶段，一体化体育课程体系的核心目标在于激发学生对体育的浓厚兴趣，培养他们的基本运动能力以及良好的运动习惯。这一时期，学生正处于身体发育和对世界认知的关键阶段，课程内容充分考虑到这一特点，采用了丰富多彩的体育游戏、简单的体操以及基础的田径项目等。通过这些教学内容，学生们能在轻松愉快的氛围中尽情体验体育带来的乐趣。例如在跑、跳、投、攀爬等基本动作技能的学习过程中，学生们的身体协调性、灵敏性和平衡能力得到了有效锻炼。

以某小学在低年级开设的"趣味田径"课程为例，其教学方式极具创新性。课程巧妙地将田径项目融入充满趣味的游戏情境之中。"小兔子跳圈比赛"这个游戏，学生们模仿小兔子的动作，在一个个间隔有序的圆圈中跳跃前进。这看似简单的游戏，实则对学生腿部力量的锻炼有着显著效果。学生们在欢快地跳跃过程中，腿部肌肉不断发力，力量逐渐增强。同时，为了准确跳进每个圆圈，学生们需要时刻调整身体姿态和跳跃节奏，这极大地锻炼了他们身体的协调性。而"小小搬运工（推小车）"游戏，则是通过让学生双手撑地，同伴抬起其双腿，向前移动的方式进行。在这个过程中，学生们不仅锻炼了上肢力量，还需要协调上肢和下肢的动作，以保持身体的平衡，进一步提升了身体的协调性。随着年级的升高，到了高年级阶段，体育课程逐渐增加了体育技能教学的比重。例如开始引入篮球、足球的基础战术学习，让学生初步了解团队协作在体育项目中的重要性，为中学阶段的专项发展打下坚实的基础。

中学阶段的一体化体育课程体系有着不同的侧重点，更加注重学生专项运动能力的提升以及体育精神的培养。考虑到中学生正处于身体快速发育以及个性逐渐形成的时期，学校根据学生的兴趣和特长，精心提供了多样化的体育专项课程。这些课程涵盖了篮球、足球、排球、武术、健美操等多个领域。学生根据自己的喜好选择专项课程后，便开始进行系统的学习和训练。以某中学的篮球专项课程为例，教学从最基本的运球、传球、投篮技巧训练入手。在运球训练中，学生们反复练习不同的运球方式，如高运球、低运球、变向运球等，通过不断的练习，他们能够熟练地控制篮球，提升球感。传球训练则注重培养学生的传球准确性和时机把握能力，通过各种传球练习和模拟比赛场景，让学生学会根据队友的位置和场上形势精准传球。投篮训练更是从投篮姿势、发力方式等基础环节抓起，帮助学生逐渐掌握正确的投篮技巧。随着学习的深入，课程逐步过渡到战术配合和实战比赛。在战术配合的学习中，学生们了解各种进攻战术和防守战术，如挡拆战术、联防战术等，并通过反复的演练来熟练运用。

在实战比赛中，学生们将所学的技巧和战术运用到实际场景中，不仅篮球技术得到了大幅提高，还深刻体会到了如何在团队中发挥自己的作用，团队协作能力得到了极大增强。同时，在面对比赛中的各种困难和挑战时，学生们培养了竞争意识和坚韧不拔的意志品质。

从实施效果来看，推行一体化体育课程体系的学校收获了令人瞩目的成果。在体质健康测试中，数据清晰地显示出学生们的身体素质有了明显提升。学生的达标率和优秀率均有显著提高，这表明学生们的身体机能得到了更好的发展。在各类体育竞赛中，学校代表队的成绩也有了飞跃式的进步。这不仅体现了学生们运动技能的提升，更彰显了一体化体育课程体系在培养竞技人才方面的卓越成效。此外，学生们对体育的兴趣愈发浓厚，参与体育活动的积极性明显增强。校园内随处可见学生们积极参与体育锻炼的身影，校园体育氛围变得更加活跃，形成了良好的体育文化氛围。这种积极的体育氛围又进一步激励着更多的学生投身到体育活动中，促进了学生们的全面发展。

案例：某学校构建一体化体育课程体系提升教学质量

在教育改革不断深化的大背景下，某学校积极探索创新体育教育模式，致力于构建一体化体育课程体系，以全面提升体育教学质量，促进学生身心健康发展。学校充分认识到体育教育对于学生成长的重要性，组织了一支专业且富有活力的体育教师团队，深入开展研究工作。

教师们通过查阅大量的教育文献资料，结合实际教学经验，对各学段学生的身心发展特点进行了细致入微的剖析。同时，紧密围绕国家体育课程标准，明确各学段的体育教学目标，在此基础上，制定出一套科学、完整且具有本校特色的一体化体育课程方案。

在小学低年级阶段，考虑到这个时期的孩子活泼好动、好奇心强的特点，课程主要以体育游戏和基础运动技能训练为主。学校精心开发了一系列特色体育游戏课程，其中"森林运动会"深受学生喜爱。在模拟的森林场景中，学生们扮演各种可爱的动物角色参与运动游戏。他们模仿小猴子灵活地攀爬，锻炼上肢力量和身体协调性；像小兔子一样欢快地跳跃，提升腿部肌肉力量和跳跃能力。这些充满趣味的游戏，让学生们在欢声笑语中自然而然地锻炼了基本的运动能力，为后续的体育学习奠定了良好的基础。随着年级的逐步升高，体育教学内容也逐渐丰富和深化。以三年级引入的乒乓球课程为例，教学从最基础的握拍方法开始，教师们耐心地指导学生如何正确地握住球拍，感受球拍与手的契合度。接着，详细讲解基本击球动作，通过分解动作示范、一对一指导等方式，让学生逐步掌握正确的击球姿势和发力技巧。在这个过程中，学生们不断练习，从最初的手忙脚乱到能够较为熟练地击球，初步领略到乒乓球运动的魅力。

进入中学阶段，学校充分尊重学生的个体差异和兴趣爱好，开设了多个体育专项选修课程，涵盖篮球、足球、羽毛球、田径等热门项目。每个专项课程都制订了详尽的教学计划和严格的考核标准，确保教学质量的稳步提升。以足球专项课程为例，整个课程分为三个紧密相连的阶段。在基础技能训练阶段，教师着重培养学生的传球、接球、带球和射门能力。通过各种针对性的训练方法，如设置传球练习区域，让学生反复进行传球准确性的练习；利用带球绕杆等活动，提升学生的带球技巧。在战术学习阶段，教师们深入讲解进攻、防守战术以及团队配合技巧。通过战术板演示、视频分析以及实际演练等多种方式，让学生理解不同战术的运用场景和要点。例如，在讲解进攻战术时，教师会详细介绍传切配合、边中结合等战术的实施方法，引导学生如何在比赛中根据实际情况灵活运用。到了实战比赛阶段，学校积极组织校内联赛和校际友谊赛，为学生们提供充分的实践机会。在赛场上，学生们将之前所学的知识和技能充分应用到实际比赛中，在激烈的对抗中不断提升自己的竞技水平和团队协作能力。

为了确保一体化体育课程体系能够有效实施，学校在多个方面进行了积极努力。在师资队伍建设方面，学校一方面积极鼓励体育教师参加各类专业培训和教学研讨活动。学校定期组织教师参加由教育专家举办的体育教学方法培训讲座，让教师们学习最新的教学理念和方法。同时，支持教师参与各级别的教学研讨会议，与其他学校的优秀体育教师交流经验，拓宽教学视野。另一方面，学校大力引进具有专项特长的体育教师，充实师资力量。这些新引进的教师带来了不同专项的专业知识和训练方法，为学校的体育教学注入了新的活力。此外，学校还加大了对体育教学设施的投入。建设了标准化的足球场、篮球场、羽毛球场等运动场地，足球场采用优质的天然草坪，为学生提供了良好的运动体验；篮球场和羽毛球场的地面采用防滑材料，确保学生在运动过程中的安全。同时，配备了先进的体育器材，如专业的足球训练用球、篮球架、羽毛球拍等，满足了不同专项课程的教学需求。

通过构建一体化体育课程体系，该校的体育教学质量得到了显著提升。学生们的体育学习兴趣大幅提高，以往对体育课不太感兴趣的学生，如今也积极主动地参与到各种体育活动中。在最近一次的全市中学生运动会上，该校学生在多个项目中取得了优异成绩。在田径项目中，多名学生打破了校运会纪录，在短跑、长跑等项目中获得了奖牌；在篮球、足球等团体项目中，学生们凭借默契的配合和出色的技战术水平，也取得了令人瞩目的成绩。这些成绩充分展示了一体化体育课程体系的实施成效，也为学校的体育教育发展注入了强大的动力。未来，该校将继续完善和优化一体化体育课程体系，为学生的健康成长和全面发展提供更有力的支持。

探索实施走班教学模式

理论内涵与实践优势解析

走班制作为一种创新的教学组织形式，在体育教学领域正逐渐崭露头角。它打破了传统行政班级的固定模式，以学生的兴趣和特长为导向，构建了一个更为灵活、自主的学习环境。在这种模式下，学生不再受限于既定的班级安排，而是能够依据自身的喜好，在丰富多样的体育课程中自由选择，同时自主挑选与之契合的教师。

在体育教学范畴，走班制所蕴含的优势极为显著。最为突出的一点，便是其高度契合了学生个性化的学习诉求。在传统体育教学模式下，一个班级的学生往往被统一安排教学内容，难以兼顾到每个学生对体育项目的不同兴趣与天赋。而走班制的出现，彻底改变了这一局面。例如，在某中学实施走班制后，热爱篮球的小李同学能够从众多体育课程中，毫不犹豫地选择篮球课程。在篮球课上，他尽情地在球场上挥洒汗水，学习各种篮球技巧，如运球过人、投篮技巧、团队战术配合等。这种基于兴趣的自主选择，极大地激发了小李对篮球学习的积极性和主动性，使他能够全身心地投入篮球训练中，充分发挥自己在篮球方面的特长。同样，喜欢舞蹈的小张同学选择了舞蹈课程，她沉浸在优美的音乐和灵动的舞姿中，不断学习芭蕾舞、民族舞、现代舞等不同舞种的技巧，在舞蹈的世界里绽放光彩。

走班制对于教师的专业发展而言，也是一股强大的推动力量。以往，体育教师可能需要教授多种体育项目，难以做到在每个项目上都深入钻研。如今，走班制让教师能够聚焦于自己擅长的体育项目进行教学。以某学校的王老师为例，他擅长足球教学，在走班制实施后，他专注于足球课程的教学工作。通过不断研究足球教学内容，创新教学方法，如引入先进的足球战术分析软件，组织小型足球对抗赛等，他的教学质量得到了显著提高，逐渐形成了独特的教学风格，深受学生喜爱。同时，走班制下教师之间的竞争与合作关系也得到了进一步加强。不同教师在各自擅长的项目上施展才华，相互之间会不自觉地形成一种竞争态势，促使他们不断提升自身的专业素养。例如，在一次体育教学研讨会上，教授篮球、足球、羽毛球等不同项目的教师们共同探讨如何提高学生的体育兴趣和技能，分享各自的教学经验和方法，这种交流合作让每位教师都受益匪浅。

走班制还营造出了良好的体育学习氛围。当学生们因为共同的兴趣爱好聚集在同一走班课程中时，彼此之间的交流和学习变得更加顺畅和积极。在一堂武术走班课上，学生们来自不同的行政班级，但对武术的热爱将他们紧密联系在一起。他们在学习武术动作的过程中，相互切磋、相互纠正，分享自己对武术的理解和感悟。这种积极向上的学习风气，不仅有利于学生快速提升体育技能，还能培养他们坚韧不拔、勇于挑战的体育精神。

在学生兴趣激发与技能培养中的功能价值

走班制在学生体育兴趣和技能培养方面发挥着不可忽视的积极作用。由于学生能够自主选择感兴趣的体育项目，课堂上的参与度和投入度有了质的飞跃。以舞蹈走班课程为例，对舞蹈充满热爱的学生们，在选择该课程后，表现出了极高的热情。他们不仅在课堂上认真学习舞蹈基本功，如压腿、下腰、踢腿等，还主动利用课余时间练习舞蹈技巧，积极参与学校组织的各种舞蹈排练和表演活动。在一次学校的文艺汇演中，舞蹈走班课程的学生们精心准备的舞蹈节目赢得了全场观众的热烈掌声。通过这些实践活动，学生们对舞蹈的兴趣愈发浓厚，舞蹈技能也在不断地练习和表演中得到了快速提升。

对于那些在体育方面具备天赋的学生，走班制为他们搭建了更为广阔的发展平台，提供了更专业、更深入的学习机会。比如，有足球天赋的小赵同学，在走班制下选择了足球高水平走班课程。在这门课程中，他接受了系统而全面的足球训练。教练会根据他的特点，为他制订个性化的训练计划，包括详细的战术分析，通过观看比赛录像，让他了解不同足球战术的运用时机和技巧；科学的体能训练，提升他的耐力、速度和爆发力；以及频繁的实战比赛，让他在真实的比赛场景中积累经验，提高应对各种情况的能力。经过一段时间的学习和训练，小赵同学的足球技能水平有了显著提高，他不仅在学校的足球比赛中表现出色，还被选拔参加了地区级的青少年足球锦标赛，为未来在体育领域的发展奠定了坚实的基础。

此外，走班制还极大地促进了学生之间的交流与合作。在同一走班课程中，学生们来自不同的行政班级，他们在学习和训练过程中，相互交流经验、互相帮助。在一场篮球走班课程的小组对抗赛中，来自不同班级的学生们迅速组成团队，共同商讨战术。在比赛中，有的学生擅长进攻，有的学生擅长防守，他们相互配合，发挥各自的优势。比赛结束后，大家一起总结经验教训，分享自己在比赛中的心得体会。这种交流合作不仅培养了学生们的团队合作精神，还让他们结识了更多志同道合的朋友，拓展了自己的人际交往圈子，为学生的全面发展创造了有利条件。

对教师专业素养提升的推动作用

走班制作为一种创新的教学模式，为体育教师的专业发展开辟了一片广阔的天地。在传统的体育教学模式中，教师往往需要兼顾多种体育项目，难以在某一领域进行深入钻研。而走班制下，教师能够聚焦于自己擅长的体育项目，这为他们深度探究教学内容与方法提供了契机。

以一位擅长篮球教学的教师为例，在走班教学过程中，他接触到了不同篮球水平的学生。面对基础薄弱的学生，他从最基本的运球、传球姿势开始耐心指导，通过分解动作、多次示范以及一对一纠正，帮助学生建立正确的动作记忆。对于有一定基础、希望提升技巧的学生，他设计了诸如战术配合训练、模拟比赛场景等进阶教学内容。经过长时间的教学实践，这位教师总结出了一套极具针对性的分层篮球教学方法。这种方法根据学生的不同层次，从技能训练到战术理解，都有清晰的教学路径，显著提高了教学效果，也让他在篮球教学领域的专业能力得到了质的飞跃。

走班制还让教师之间的竞争与合作变得更为频繁。由于学生可以自主选择课程，教师们为了吸引更多学生，纷纷使出浑身解数。他们不断优化教学内容，将最新的体育理念和训练方法融入课程。在创新教学方法方面，有的教师引入了数字化教学手段，利用视频分析软件帮助学生纠正动作；有的教师则开展小组竞赛，激发学生的学习积极性。在这个过程中，教师们意识到相互学习的重要性。他们会主动观摩其他教师的课堂，学习新颖的教学技巧和课堂管理方式。例如，一位田径教师在观摩了足球教师的小组合作教学后，将类似的模式运用到自己的短跑训练课程中，通过小组间的竞争与协作，学生的训练热情大幅提升。教师们还会定期组织教学经验分享会，交流在教学中遇到的问题与解决方案，共同攻克教学难题，实现专业素养的共同提升。

此外，走班制促使教师更加关注学生的个体差异。每个学生对体育项目的兴趣不同，需求也各不相同。教师需要敏锐地捕捉这些差异，及时调整教学策略。对于喜欢团队运动的学生，教师可以设计更多团队合作的项目；对于追求个人挑战的学生，则提供个性化的训练方案。这种以学生为中心的教学方式，要求教师具备更强的教育教学综合能力，包括沟通能力、观察力以及灵活应变的能力，从而推动教师不断提升自我，以更好地适应走班制教学的要求，为学生提供更优质的体育教育。

案例：某中学实施走班制提高体育教学效果

某中学在这一探索之路上，通过大胆实施走班制教学，成功地为体育教学注入了新的活力，显著提高了体育教学效果。

该中学在决定推行走班制教学之前，进行了充分的前期准备工作。学校精心设计了一套全面的体育兴趣调查问卷，内容涵盖学生过往参与体育活动的经历、对各类体育项目的喜好程度，甚至还包括学生期望在体育课程中获得的技能提升方向等。通过对全校学生的问卷调查，以及组织多场学生座谈会，学校全面且深入地了解到学生对不同体育项目的喜好。调查数据显示，篮球、足球这类充满竞技性与团队协作性的项目，受到了众多男生的青睐；而女生则对健美操、羽毛球等项目表现出较高的热情。此外，武术、田径等项目也有一定数量的学生表示出浓厚的兴趣。

基于详实的调查结果，学校迅速行动起来，开设了丰富多样的走班课程。除了常规的篮球、足球、排球、乒乓球、羽毛球、武术、健美操、田径等课程外，还根据学生的需求和建议，适时增设了如瑜伽、定向越野等特色课程。同时，为了确保教学质量，学校专门从各地引进了一批专业的体育教师，这些教师均毕业于知名体育院校，在各自擅长的体育项目领域拥有丰富的教学经验和专业技能。

在走班教学的具体实施过程中，学校制订了极为详细且科学合理的教学计划和评价标准。每一个走班课程都有着清晰明确的教学目标和系统全面的教学内容。以篮球走班课程为例，为了满足不同水平学生的学习需求，教师根据学生的篮球基础、身体素质以及运动天赋等实际情况，将学生精准地分为基础班、提高班和精英班。基础班的教学重点放在篮球的基本规则讲解、运球、传球和投篮等基础技能的反复练习上。教师通过生动有趣的示范和耐心细致的指导，帮助学生建立起对篮球运动的基本认知和操作能力。提高班则在基础班的教学成果之上，进一步加强战术配合的教学和实战训练。教师会组织学生进行各种战术演练，模拟真实比赛场景，让学生在实践中理解和运用战术，提升团队协作能力。精英班则侧重于培养学生的竞技能力，为参加各类篮球比赛做充分准备。教练会针对学生的个人特点，制定个性化的训练方案，提高学生在比赛中的应变能力和竞技水平。

为了保障走班制的顺利开展，学校在教学管理方面下足了功夫。学校投入大量资源，建立了一套功能完善、操作便捷的学生选课系统。学生只需通过校园网络平台，登录自己的账号，就能轻松浏览所有的走班课程信息，包括课程介绍、授课教师信息、上课时间和地点等。学生可以根据自己的兴趣爱好和时间安排，自主选择心仪的课程。同时，学校还定期对走班教学进行全面深入的评估。评估方式多元化，不仅关注学生的课堂表现，包括参与度、学习态度、团队协作等方面，还通过严格的技能考核来检验学生在体育技能上的掌握程度。此外，学校还设计了专门的问卷调查，收集学生对走班教学的满意度反馈，了解学生在学习过程中遇到的问题和期望得到改进的地方。通过对这些多渠道反馈信息的综合分析，学校能够及时发现走班教学中存在的问题，并迅速做出调整和优化。

经过一段时间的实践，该校实施走班制取得了令人瞩目的成果。学生的体育学习兴趣被极大地激发出来，以往对体育课兴致不高的现象一去不复返。如今，学生们都积极主动地参与到自己喜欢的体育项目中，享受着运动带来的快乐。从体育技能水平来看，学生们有了显著的提高。在全市中学生体育比赛中，该校学生在多个项目中表现出色，斩获了众多优异成绩。更为重要的是，走班制的实施对教师的专业发展也起到了强大的推动作用。教师们在走班教学中，不断面临新的教学挑战，促使他们持续学习和探索，从而提升自己的教学能力。多名教师在市级体育教学竞赛中脱颖而出，获得了奖项。随着走班制的深入推进，学校的体育教学氛围愈发浓厚，逐渐形成了一种积极向上、充满活力的体育文化。这种体育文化不仅影响着学生们的校园生活，更将对他们的未来发展产生深远的影响。

落实每日 2 小时体育锻炼

政策演变历程及其战略意义

每天锻炼 2 小时的政策并非一蹴而就，而是经历了漫长且逐步发展完善的过程。回溯过往，在教育发展的早期阶段，国家就已敏锐意识到学生体育锻炼的重要性，初步提出学生每天应保证一定时长的体育锻炼。但在当时，受限于教育资源、观念认知等多种因素，对于锻炼时间并没有明确且严格的量化标准。随着时代的进步，社会对人才的需求日益多元化，学生的全面发展成为教育领域的核心追求。在此背景下，国家对学生体质健康的关注度不断攀升，经过深入调研与审慎考量，逐步将学生每天体育锻炼时间明确规定为 2 小时。

这一政策演变背后，彰显出国家对学生体质健康前所未有的高度重视。充足的体育锻炼时间，对学生的全面发展而言，有着不可估量、不可替代的重要价值。从身体健康维度来看，每天2小时的锻炼宛如一场为身体注入活力的盛宴。它助力学生有效增强体质，显著提升免疫力，从而构筑起坚固的防线，抵御各类疾病的侵袭，为身体的正常生长发育保驾护航。以有氧运动为例，长期坚持长跑、游泳等有氧运动的学生，心肺功能宛如被精心打磨的精密仪器，愈发强大。科学研究表明，经过一段时间的长跑训练，学生的最大摄氧量可提高10%～20%，这意味着心肺能够更高效地为身体输送氧气，极大提升身体的耐力水平。而力量训练同样功不可没，其能有效促进骨骼和肌肉的发育。就像青少年时期坚持适量举重训练的学生，骨骼密度相较于同龄人更高，肌肉力量也更为强劲，这为他们成年后的身体健康奠定了坚实基础。

在心理健康层面，体育锻炼宛如一位贴心的心灵导师。高强度的学习生活常常让学生背负沉重压力，而每天2小时的体育锻炼恰是释放这些压力的有效出口。当学生沉浸在运动中，身体会分泌内啡肽，这种被誉为"快乐荷尔蒙"的物质能够有效缓解焦虑和抑郁情绪，帮助学生塑造积极乐观的心态。例如，在校园中，许多面临考试压力的学生通过参加篮球、足球等体育活动，成功驱散内心的阴霾，重新找回自信与活力。同时，在面对运动中的困难与挑战时，学生需要不断克服，这一过程很好地培养了他们坚韧不拔的意志品质。不仅如此，每天2小时的锻炼还为学生的社交能力发展搭建了广阔舞台。通过参与团队运动项目，如排球、拔河等，学生们在共同追求胜利的过程中，学会了与他人紧密合作、顺畅沟通，极大地提高了社会适应能力，为今后更好地融入社会做好充分准备。这一政策的落地实施，无疑为学生的健康成长撑起了一把坚固的保护伞。

政策对学生体质健康的干预效应分析

保证学生每天锻炼 2 小时，犹如一颗投入平静湖面的巨石，在学生体质健康领域激起层层积极而深远的涟漪。众多权威研究数据为这一政策的成效提供了有力支撑。研究表明，长期坚持每天锻炼 2 小时的学生，在各项身体素质指标上，相较锻炼时间不足的学生，展现出明显优势。

以耐力为例，那些长期坚持长跑等耐力训练的学生，心肺功能宛如经过精心锻造的强大引擎。在 800 米跑（女生）/1000 米跑（男生）测试中，他们往往能够轻松跑出更为优异的成绩。有研究追踪了一组学生，在坚持每天长跑训练 3 个月后，女生 800 米跑平均成绩提高了 20 秒，男生 1000 米跑平均成绩提高了 30 秒，心肺功能的提升显而易见。在力量方面，参与力量训练的学生同样收获颇丰。肌肉力量的增强使得他们在立定跳远项目中能够跳得更远，引体向上也能完成更多次数。据统计，坚持力量训练半年的学生，立定跳远平均成绩可提高 10～15 厘米，引体向上完成个数增加 2～3 个，骨骼密度也有相应提升，为身体的强壮提供了坚实保障。

充足的体育锻炼在体重控制方面也发挥着关键作用，成为预防肥胖症等疾病的有力武器。合理的运动搭配科学饮食，能够帮助学生维持健康的体重范围。在某学校实施每天 2 小时锻炼政策后，学生肥胖率从之前的 15% 下降至 10%，成效显著。此外，锻炼时间的充分保证，对学生身体的协调性、灵敏性和平衡能力的改善也极为明显。例如，参与体操、武术等项目的学生，身体协调性得到极大提升，在日常活动中动作更加敏捷流畅。身体协调性和平衡能力的增强，还能有效减少运动损伤的风险，让学生在运动中更加安全，进一步为提升体质健康水平助力。从宏观视角审视，每天锻炼 2 小时宛如一场全面提升学生体质健康的变革，为学生的学习和生活筑牢了坚实的身体根基，助力他们在人生道路上稳步前行。

政策驱动下运动能力培养的实施路径

每天锻炼 2 小时，犹如为学生运动能力的塑造构筑了一座坚实的基石，为其形成提供了不可或缺的充足时间保障。运动能力并非一朝一夕就能练就，它犹如一棵参天大树，需要长期、系统的精心培育与浇灌。

日复一日规律进行的体育锻炼，恰似一把神奇的钥匙，开启了学生反复雕琢各类运动技能的大门。以篮球运动为例，在篮球训练的一方小天地里，学生每日全神贯注地投身于运球、传球、投篮等基础技能的磨砺之中。刚开始，运球或许还略显生疏，球在手中不听使唤，传球时落点也不够精准，投篮更是频频打铁。然而，随着每天 2 小时的持续投入，练习时间如涓涓细流不断汇聚。渐渐地，运球变得得心应手，球仿佛与手掌心有了默契，能够随心所控；传球也愈发精准，恰到好处地落到队友手中；投篮的命中率更是大幅提升，空心入网的美妙声音时常响起。如此一来，学生在实战比赛中，便能将这些技能灵活自如地施展出来，轻松应对各种复杂的赛场局面。

不仅如此，每天 2 小时的锻炼时长，宛如为学生打开了一扇通往丰富多彩体育世界的大门，让他们拥有了众多宝贵的机会去涉猎不同类型的体育项目，从而极大地拓宽了自身的运动视野，为培养多种运动能力创造了得天独厚的条件。清晨，阳光洒在田径场上，学生们迎着微风进行田径训练。他们全力冲刺，在一次次的奔跑中，速度不断提升，每一步都仿佛在挑战身体的极限；长跑时，耐力也在汗水的洗礼下逐渐增强，呼吸节奏愈发平稳，步伐愈发坚定。到了下午，转换到球类运动的赛场。在足球场上，学生们相互配合，进攻时默契地传递，防守时众志成城；在排球场上，团队协作的力量尽显，通过不断地磨合，战术意识逐渐形成，如何发球、接球、扣球，每个环节都在团队的协作中变得更加流畅。

正是通过这样多样化的体育锻炼，学生的综合运动能力如同茁壮成长的幼苗，得到了全方位的提升。无论是力量、速度、耐力，还是协调性、灵活性、团队协作能力，都在这每天 2 小时的锻炼中悄然积累与升华。这不仅让学生在校园的体育活动中崭露头角，更重要的是，为他们未来勇敢地迈向更高水平的体育活动和激烈的竞技比赛，稳稳地奠定了坚实基础，让他们在更广阔的体育舞台上绽放属于自己的光芒。

案例：某小学通过保障锻炼时间提升学生体质

每天锻炼 2 小时，对学生运动能力的塑造而言，恰似为高楼大厦打下了坚如磐石的地基，为其提供了充足且必要的时间保障。运动能力的养成绝非一蹴而就，它宛如一棵茁壮成长的参天大树，需要长期、系统且精心的培育与浇灌，方能枝繁叶茂。

以某小学篮球运动为例，在那片不大的篮球训练场上，学生们每日都全身心地投入运球、传球、投篮等基础技能的刻苦磨砺中。起初，运球时，球在手中显得极为生疏，仿佛一个调皮的孩童，总是不听使唤，难以按照学生的意愿运行；传球时，落点偏差较大，常常无法精准地送到队友手中；投篮更是状况百出，篮球一次次地砸在篮筐上，发出沉闷的"打铁"声。然而，随着每天 2 小时雷打不动的持续投入，练习时间如同涓涓细流，源源不断地汇聚起来。渐渐地，学生们的运球技术开始有了质的飞跃，球仿佛与手掌心建立了一种奇妙的默契，能够随心所欲地被控制，无论是快速推进时的低运球，还是变向过人时的灵动运球，都变得得心应手；传球也愈发精准，对力度和角度的把握恰到好处，能够在各种复杂的场上形势下，精准无误地落到队友手中；投篮的命中率更是大幅提升，篮球空心入网时那清脆悦耳的声音，也越来越频繁地在球场上响起。如此一来，在实战比赛中，学生们便能将这些经过无数次练习而熟练掌握的技能，灵活自如地施展出来，轻松应对各种复杂多变的赛场局面。

不仅如此，每天 2 小时的锻炼时长，就像是为学生开启了一扇通往精彩纷呈体育世界的大门，让他们拥有了众多宝贵的机会去接触不同类型的体育项目，从而极大地拓宽了自身的运动视野，为培养多种运动能力创造了得天独厚的条件。清晨，金色的阳光轻柔地洒在田径场上，学生们迎着微风，开始了田径训练。在短跑训练中，他们全力冲刺，每一次蹬地都仿佛要将全身的力量瞬间爆发出来，在一次次的奔跑中，速度不断提升，每一步都像是在向身体的极限发起挑战；长跑时，耐力在汗水的洗礼下逐渐增强，呼吸节奏愈发平稳，步伐也愈发坚定，一步一步稳稳地向前迈进。到了下午，场景转换到球类运动的赛场。在足球场上，学生们相互配合，进攻时，通过精准的传球和巧妙的跑位，默契十足地向对方球门发起冲击；防守时，大家众志成城，紧密协作，不给对方任何可乘之机。在排球场上，团队协作的力量展现得淋漓尽致，队员们通过不断地磨合，战术意识逐渐形成，从发球时对力度和角度的精心把控，到接球时的准确判断和迅速反应，再到扣球时的果断有力，每个环节都在团队的协作中变得更加流畅高效。

正是通过这样多样化的体育锻炼，学生的综合运动能力如同苗壮成长的幼苗，得到了全方位的提升。无论是力量、速度、耐力，还是协调性、灵活性、团队协作能力，都在这每天 2 小时的锻炼中悄然积累与升华。这不仅让学生在校园的体育活动中能够脱颖而出，更重要的是，为他们未来勇敢地迈向更高水平的体育活动和激烈的竞技比赛，稳稳地奠定了坚实基础，让他们在更广阔的体育舞台上尽情绽放属于自己的光芒。

提升课堂教学的情感体验与获得感

课堂幸福感的核心价值与育人意义

课堂幸福感在中小学体育教学领域占据着极为关键的地位，其影响深远且广泛，全方位地作用于学生的学习过程与身心发展。当学生身处洋溢着幸福氛围的体育课堂时，他们的学习热情将被极大程度地激发，进而以更为积极主动的姿态投身于体育学习之中，最终促使学习效果实现质的飞跃。

课堂幸福感宛如一把神奇的钥匙，能够成功开启学生对体育兴趣与热爱的大门。在传统体育教学模式下，部分学生常陷入"要我学"的被动困境，将体育课程视为一种负担。然而，课堂幸福感的注入能够彻底扭转这一局面，使学生的心态实现从"要我学"到"我要学"的根本性转变。以充满趣味和轻松氛围的体育课堂为例，这里就像是一个充满吸引力的欢乐场。在课堂上，学生们面对新的运动项目和技能时，不再畏缩不前，而是满怀好奇与期待，主动地去尝试和探索。比如在一次别开生面的体操教学中，教师巧妙地将流行音乐融入其中，原本枯燥的体操动作瞬间变得活力四射。学生们被这种新颖的教学方式所吸引，纷纷积极地模仿学习，不仅迅速掌握了体操动作，还在过程中感受到了运动的乐趣。同时，在这样的课堂环境里，学生克服困难的勇气也会显著增强。当他们遇到难度较大的动作时，不再轻易放弃，而是凭借着内心对体育的热爱与课堂幸福感带来的积极心态，不断尝试，直至成功克服困难。

课堂幸福感对学生积极情感的培养以及良好心理素质的塑造有着不可忽视的作用。在幸福的课堂环境中，学生能够持续不断地获得成就感。每一次成功完成一个高难度动作，每一次在体育比赛中取得优异成绩，都如同璀璨的星星照亮了他们的内心世界，让他们的自信心得到极大的提升。例如，在学校举办的田径运动会上，一位原本性格内向、对自己缺乏信心的学生，通过日常幸福体育课堂的锻炼，勇敢地报名参加了短跑项目。在比赛过程中，他凭借在课堂上学到的技巧和积累的自信，奋力奔跑，最终取得了不错的名次。这次经历不仅让他收获了成就感，更让他在内心深处建立起了强大的自信心。同时，幸福的体育课堂还能成为学生缓解学习压力的有效途径。在繁重的课业压力之下，体育课堂为学生提供了一个尽情释放身心的空间。学生们在运动的过程中，将学习带来的紧张与疲惫抛诸脑后，尽情享受运动的愉悦，从而形成乐观向上的人生态度，以更加积极的心态去面对生活中的各种挑战。

此外，课堂幸福感还是促进师生关系和谐发展的重要桥梁。在体育教学过程中，教师若能时刻关注学生的情感需求，用心营造幸福的课堂氛围，那么学生对教师的信任和尊重便会油然而生。当学生感受到教师的关爱与理解时，他们会更愿意与教师交流互动，分享自己在体育学习中的感受与困惑。这种良好的师生互动能够显著提高课堂教学的互动性和有效性。例如，在足球教学中，教师发现一名学生在训练中情绪低落，通过耐心沟通了解到该学生在学习足球技巧时遇到了困难。教师不仅为他提供了针对性的指导，还给予了鼓励与支持。此后，这名学生对教师充满了信任，在课堂上积极配合教师的教学，学习效果也越来越好。

打造幸福课堂

"乐、动、会"幸福课堂的构建，宛如一座精心打造的教育大厦，旨在为学生创造一个在快乐中运动、在运动中学会技能，进而实现全面发展的理想学习环境。

"乐"作为幸福课堂的基石，承载着激发学生学习兴趣与热情的重要使命。教师可通过创设丰富有趣的教学情境来实现这一目标。比如在教授跳跃类项目时，教师将课堂布置成一个"动物王国大冒险"的场景，学生们分别扮演不同的动物，通过模仿动物的跳跃动作来学习跳跃技巧。同时，采用多样化的教学方法也是增添课堂乐趣的关键。除了传统的示范教学法，还可引入小组合作学习法、探究式学习法等。在游戏化教学手段方面，开展趣味竞赛活动是个不错的选择。例如在篮球教学中，组织"运球接力""投篮比赛"等游戏，让学生在竞争与合作中感受篮球运动的魅力，激发他们的学习兴趣和参与热情。

"动"是幸福课堂的核心所在。为保证学生有充足的运动时间和机会，教师需要根据学生的年龄特点和身体状况，精心合理地安排运动强度和运动量。对于低年级学生，可设计一些简单有趣、运动量较小的活动，如跳绳、踢毽子等；而对于高年级学生，则可适当增加运动的难度和强度，如组织足球、篮球等对抗性较强的比赛。在体育课上，教师要引导学生积极参与各种体育活动，让他们在运动中充分锻炼身体，提升运动技能。比如在一节体能训练课上，教师根据学生的体能状况，为每个学生制订了个性化的训练计划，包括俯卧撑、仰卧起坐、跑步等项目，让学生在科学合理的运动中不断提升自己的体能水平。

"会"是幸福课堂的最终目标。通过系统的教学和指导，让学生扎实掌握体育知识和运动技能，培养他们的自主锻炼能力和终身体育意识。以排球教学为例，教师不仅要教会学生排球的基本发球、接球、传球等技能，还要深入讲解排球运动的规则、战术等知识。同时，引导学生学会如何制订适合自己的训练计划，如何在运动过程中进行自我保护等。比如教师可以指导学生根据自己的课余时间和身体素质，制订每周的排球训练计划，包括训练的时间、内容和强度等。此外，还可以向学生传授一些常见运动损伤的预防和处理方法，让学生能够在课后安全、有效地自主进行排球锻炼，为终身体育奠定坚实的基础。

强化教师专业素养

构建"乐、动、会"幸福课堂对教师的教学能力提出了更高的要求。教师需要具备创新教学方法的能力，能够根据教学内容和学生特点，设计出富有创意和趣味性的教学活动，激发学生的学习兴趣。例如，教师可以将传统的体育训练项目设计成具有挑战性的游戏关卡，让学生在闯关过程中完成训练任务。教师还需要具备良好的课堂组织管理能力，能够合理安排课堂时间，确保学生有足够的运动时间，同时维持课堂秩序井然有序。在学生进行小组活动或自由练习时，教师能够及时给予指导和反馈，确保学生的学习效果。同时，教师还应具备敏锐的观察力，关注学生在课堂上的情绪变化和身体状况，及时发现并解决问题，保障学生的安全与健康。例如，在进行高强度的体能训练时，教师要密切观察学生的面色、呼吸等情况，一旦发现有学生身体不适，能迅速采取相应措施。

教师还需提升与学生沟通交流的能力，建立良好的师生关系。在幸福课堂中，教师要鼓励学生积极表达自己的想法和感受，倾听学生的意见和建议，根据学生的反馈调整教学策略。例如，在一次篮球课上，教师发现学生对既定的训练内容兴趣不高，通过与学生交流得知，他们更希望增加一些实战对抗环节。教师及时调整了教学计划，增加了小组篮球对抗赛，学生的积极性立刻被调动起来，课堂氛围变得更加活跃。此外，教师还应具备整合教学资源的能力，充分利用校内外的体育场地、器材以及网络资源等，为学生创造丰富多样的学习环境。比如，教师可以利用网络平台收集优秀的体育教学视频，在课堂上播放给学生观看，拓宽学生的视野；也可以组织学生到校外的体育场馆进行参观学习，让学生感受不同的体育文化氛围。

案例：某学校打造幸福体育课堂提升学生学习体验

某学校致力于打造"乐、动、会"幸福体育课堂，以提升学生的学习体验。学校组织体育教师参加各类培训和研讨活动，学习先进的教学理念和方法，鼓励教师创新教学。在教学实践中，教师们充分发挥创意，为学生带来了丰富多彩的体育课堂。

在一堂小学低年级的体育课上，教师以"动物王国大冒险"为主题，创设了一个充满趣味的教学情境。课堂上，学生们分别扮演不同的小动物，通过模仿动物的动作进行各种体育活动。如扮演小兔子的学生进行跳跃练习，扮演小猴子的学生进行攀爬活动。教师在一旁适时引导，纠正学生的动作，同时给予鼓励和表扬。学生们在这个过程中不仅玩得开心，还锻炼了身体的协调性和灵活性。在教学过程中，教师巧妙地融入音乐元素，欢快的音乐节奏让学生们的运动更加充满活力。例如，在进行跑步练习时，教师播放节奏明快的音乐，学生们伴随着音乐的节奏调整跑步步伐，既提高了运动的趣味性，又增强了学生的节奏感。

在中学的体育课堂上，教师更加注重学生运动技能的培养和自主锻炼能力的提升。以足球教学为例，教师在讲解完基本的足球技巧后，组织学生进行小组比赛。在比赛过程中，教师鼓励学生运用所学的技巧，相互配合，共同争取胜利。同时，教师还会在比赛间隙进行战术指导，让学生明白团队协作和战术运用的重要性。比赛结束后，教师引导学生进行自我反思和总结，让学生思考自己在比赛中的表现以及如何改进。通过这种方式，学生不仅掌握了足球技能，还培养了团队合作精神和自主学习能力。

为了确保学生有充足的运动时间，学校合理安排课程表，每天保证一节体育课或体育活动课。在课堂上，教师严格按照教学计划进行教学，让学生充分参与到各种体育活动中。同时，学校还注重校园体育文化建设，定期举办体育节、运动会等活动，为学生提供展示自我的平台。在体育节上，除了传统的体育比赛项目外，还设置了趣味体育游戏、体育知识竞赛等环节，吸引了全体学生的积极参与。通过这些活动，学生们对体育的兴趣更加浓厚，校园内形成了浓厚的体育氛围。

通过打造幸福体育课堂，该校学生的体育学习体验得到了极大提升。学生们积极参与体育课堂，对体育的热爱之情溢于言表。在近期的学生满意度调查中，超过90%的学生表示非常喜欢上体育课，认为体育课让他们感受到了快乐和成长。学校的体育教学质量也得到了显著提高，学生的身体素质和运动技能在不断提升，在各类体育竞赛中屡获佳绩。

第四节　方略四：保障体系建设

政策指导

政策对健康第一理念的深化与锚定

在教育发展进程中，国家和地方相继出台了众多体育教育政策，这些政策自始至终将健康第一理念紧密贯穿。从基础的课程设置要求，到具体的体育活动时间规定，方方面面都展现出对学生身体健康的高度关注与重视。

以《关于全面加强和改进新时代学校体育工作的意见》这一具有深远影响力的政策为例，其中清晰且明确地指出，必须牢固树立健康第一的教育理念，致力于推动青少年文化学习和体育锻炼协调发展。在课程设置的关键环节，政策有着严格且刚性的要求，明确规定中小学校务必严格依照国家课程方案和课程标准，开齐开足上好体育课，严禁任何形式的削减、挤占体育课时间。此规定犹如一道坚固的防线，有力地促使学校切实将体育课程提升到与其他学科同等重要的地位。在实际执行过程中，许多学校重新规划课程表，为体育课留出充足的时间，配备专业的体育教师，确保学生能够系统地学习体育知识与技能。这从根本上切实保障了学生接受体育教育的基本权利，使得健康第一理念如同种子般，在学校教育的肥沃土壤中得以落地生根，开始苗壮成长。

同时，这些体育教育政策目光长远，并非仅仅着眼于学生的身体健康，还着重强调了体育教育对学生心理健康和社会适应能力培养的关键性。在心理健康层面，体育运动能够促使学生释放学习与生活中的压力，改善情绪状态，增强自信心与意志力。例如学校组织的长跑活动，学生在坚持完成长跑目标的过程中，能够有效锻炼自己的毅力，培养坚韧不拔的精神品质。在社会适应能力方面，通过开展丰富多彩的体育活动，如篮球比赛、足球联赛等团队运动项目，学生们学会了与他人沟通协作、相互配合，增强了团队凝聚力，提升了在不同社交场景中的适应能力。学校也积极响应政策号召，精心组织各类体育赛事、趣味运动会等活动，为学生提供广阔的平台，让他们在体育活动中实现全面发展，真正将健康第一理念全方位、深层次地融入学生成长的每一个阶段。

政策的全周期覆盖与闭环监督体系

体育教育政策如同一张紧密交织的大网，全面而深入地覆盖了中小学体育教育的各个关键方面。在课程建设领域，它精准锚定了不同学段体育课程的目标、内容以及教学要求。小学阶段着重培养学生对体育运动的基础认知与兴趣，通过如趣味田径、简单体操等丰富多样的课程内容，让孩子们在轻松愉快的氛围中迈出体育探索的第一步。中学阶段则进一步提升要求，课程内容更加注重技能培养与体能提升，像篮球战术学习、中长跑训练等，助力学生掌握更为专业的体育知识与技能，为其终身体育意识的形成奠定坚实基础。

师资队伍建设亦是体育教育政策关注的重点。在体育教师配备上，明确规定了不同规模学校应配备的体育教师数量，以确保每个学生都能得到充分的指导。同时，对于体育教师的培训与专业发展，提出了一系列具体措施。定期组织教师参加各类专业培训，涵盖新兴体育项目教学方法、运动损伤预防与处理等内容，鼓励教师参与学术研讨与交流活动，不断更新教学理念与方法，提升专业素养。

在场地设施方面，政策要求学校务必加大对体育场地建设和器材配备的投入力度。无论是新建学校还是既有学校，都要确保有足够的场地空间用于开展各类体育活动，足球场、篮球场、田径场等标准场地应一应俱全。并且，要定期更新和维护体育器材，保障器材的安全性与适用性，为学生营造良好的体育锻炼条件。

教学评价层面，构建了科学合理的体育教学评价体系。该体系高度注重过程性评价与终结性评价相结合，不仅关注学生在学期末的体育成绩，更重视学生在整个学习过程中的表现，包括课堂参与度、进步幅度等。通过全面、客观地评价学生的体育学习成果，能更准确地了解学生的学习状况，进而为教学调整提供有力依据。

为保障这些政策的有效落地，教育主管部门积极强化监督检查机制。定期开展学校体育工作专项督导，对学校体育课程开设情况、体育教师配备情况、体育场地设施建设和使用情况等进行细致的检查评估。评估结果直接与学校绩效考核和校长任期考核挂钩，对于落实不到位的学校，责令限期整改。如此一来，从政策制定到执行监督，形成了一个完整且闭环的体系，切实保障体育教育政策能够惠及每一位学生，助力学生在体育锻炼中茁壮成长。

政策的前沿趋势与革新走向

从政策目标来看，培养学生的体育核心素养已成为重中之重。其不再仅仅局限于提升学生的运动技能，而是更强调通过体育教育全方位塑造学生。一方面，着力增强学生的运动能力，涵盖了各类运动项目的技巧掌握以及体能的提升。另一方面，积极引导学生养成健康行为，包括规律的锻炼习惯、合理的饮食搭配等。同时，极为重视体育道德的培育。未来，体育教育政策极有可能大力倡导学生深度参与体育活动，在活动中去真切体验运动的乐趣与挑战，从而感悟体育精神的内涵。像在马拉松赛事中，学生在坚持跑完赛程的过程中，就能逐渐形成坚韧不拔的意志品质；在篮球、足球等团队运动中，学会与队友协作配合，进而培养出良好的团队合作精神。

在政策内容方面，与其他学科的融合将进一步深化。体育与健康教育的结合，能让学生系统学习到运动与健康的紧密联系，知晓如何通过科学运动预防疾病、促进身体健康。与科学教育相结合时，学生在体育学习过程中，可以深入了解运动生理学知识，明白身体在运动时的各项机能变化；学习运动心理学知识，掌握如何在运动中调整心态、克服恐惧。通过这样的跨学科学习，极大地促进学生综合素养的提升。

就政策实施方式而言，现代信息技术手段将发挥关键作用。以建立学生体育健康档案信息管理系统为例，该系统能够实时、精准地跟踪学生的体质健康状况，如记录学生的身高、体重、体脂率等指标的变化，以及体育学习进展，像学生在各项体育课程中的成绩、技能提升情况等。这些丰富的数据能够为个性化体育教育提供有力的数据支持，教师可依据数据为不同学生制订专属的体育学习计划，助力学生更好地发展体育能力。

案例：某地区通过政策推动学校体育发展

某地区积极响应国家体育教育政策，采取一系列措施推动学校体育发展。该地区教育主管部门制定了详细的学校体育工作实施方案，明确了各学校在体育课程建设、师资队伍培养、场地设施改善等方面的任务和目标。在课程建设方面，要求学校严格按照国家课程标准开足体育课，并鼓励学校开发具有地方特色和学校特色的体育校本课程。例如，某学校结合当地的传统体育项目，开发了"舞龙舞狮"校本课程，深受学生喜爱。在师资队伍培养方面，该地区加大了对体育教师的培训力度，定期组织体育教师参加专业培训和教学研讨活动，提高教师的教学水平。同时，通过招聘优秀体育专业毕业生和引进具有专项特长的体育人才，充实学校体育教师队伍。

为了改善学校体育场地设施，该地区政府加大了资金投入，新建和改造了一批标准化的体育场地，如足球场、篮球场、田径场等，并为学校配备了先进的体育器材。在教学评价方面，该地区建立了多元化的体育教学评价体系，除了对学生的体育技能和体质健康进行考核外，还注重对学生体育学习过程中的态度、参与度和进步情况进行评价。通过实施这些政策措施，该地区学校体育工作取得了显著成效。学生的身体素质明显提高，在各类体育竞赛中成绩优异；学校的体育氛围更加浓厚，形成了良好的校园体育文化。

硬件支撑

校内外空间资源的统筹规划与高效利用

学校体育硬件设施的建设，首要任务在于合理规划利用校内外空间资源。在校内，校园布局的合理规划至关重要，这需要充分挖掘现有场地的潜在价值。以某中学为例，该校巧妙利用校园角落一处约200平方米的闲置空地，精心打造了小型体育活动区域。在这片区域中，错落有致地安置了4张乒乓球台与2个羽毛球场，地面采用防滑材质铺设，四周还设置了防护网，既保障了学生运动时的安全，又为学生们提供了课余挥洒汗水的新场所。

对于学校操场，多功能改造势在必行。传统操场往往仅侧重于田径运动，而如今可进一步细分功能区域。比如，在操场的一角，通过合理划线与地面材质更换，划分出标准的五人制足球场；在另一侧，搭建起篮球架与排球网，形成篮球、排球运动专区。如此一来，操场能够同时满足多种球类运动的需求，极大提升了场地利用率。

此外，教学楼的走廊与楼梯间也可充分利用。在课间休息时，学校可组织学生在走廊开展跳绳比赛，或是在楼梯间进行踢毽子活动。为确保安全，学校可在走廊两侧安装防护扶手，在楼梯间张贴醒目的活动引导标识与安全提示，让学生在有限空间内也能尽情享受体育锻炼的乐趣。

在校外，积极开展与周边社区、公园的合作，实现体育资源的共享。学校可与附近社区进行深入协商，达成协议，在放学后以及周末时段，开放社区内的健身广场、小型运动场等场地供学生使用。例如，某小学与相邻社区合作，每周二、周四放学后，学生们有序前往社区运动场进行足球训练。同时，学校还可定期组织学生前往公园开展丰富多彩的户外体育活动，如慢跑、定向越野等。公园内丰富的自然环境与开阔空间，为学生提供了别样的运动体验，满足了学生多样化的体育活动需求。

场地设施质量提升与安全保障体系构建

提升体育场地质量与安全性，是保障学生体育锻炼顺利进行的关键所在。学校需定期对体育场地开展全面的维护与保养工作，确保场地的平整度、硬度等各项指标符合体育教学与锻炼的严格要求。以足球场为例，学校应安排专业人员每周进行草坪修剪，保持草坪高度在适宜范围，同时定期浇水施肥，促进草坪健康生长，为学生提供良好的足球运动场地。对于篮球场、排球场等场地，一旦发现地面出现破损，应立即组织维修人员进行修复。维修时，先将破损部位清理干净，再使用专用材料进行填补、抹平，确保场地表面平整光滑，避免学生在运动过程中因地面不平整而摔倒受伤。

在体育场地设施的安全检查方面，要做到细致入微。安装必要的防护设施是重中之重，如在足球场周边设置坚固的围挡，防止足球飞出场地造成意外；在篮球场、排球场周围安装防护垫，减轻学生摔倒时受到的冲击力。在体育器材的选用上，务必选择质量合格且符合学生年龄特点的器材。对于小学低年级学生，应选用高度较低、材质柔软的单杠、双杠等器材；对于高年级学生，则配备符合标准高度与强度的器材。同时，定期对体育器材进行全面检查与维护，每周安排专人对器材进行检查，查看器材是否有松动、磨损等情况，一旦发现问题，及时进行维修或更换。例如，在使用单杠、双杠等器材时，要仔细检查器材的安装是否牢固，在器材周围铺设厚实的防护垫，从多方面防止学生在运动过程中发生意外事故。

此外，学校还应制定完善的体育场地设施使用管理制度。明确规定学生在使用场地设施时的行为规范，如严禁在场地内追逐打闹、禁止损坏场地设施等。同时，合理安排场地使用时间，避免不同班级、不同体育项目在使用场地时发生冲突，提高场地设施的使用效率与安全性。

场地全周期管理维护机制的建立与完善

加强体育场地管理维护，是保证场地长期有效使用的重要举措。学校应建立一支专业的场地管理维护团队，团队成员涵盖场地管理人员、维修人员、清洁人员等。管理维护团队需制定详细的工作计划与维护标准，确保各项工作有序开展。例如，清洁人员每天清晨需对体育场地进行全面清扫，使用扫帚、拖把等工具，将场地内的垃圾、灰尘清理干净，保持场地的整洁卫生；维修人员每周要对体育器材进行仔细检查，使用专业检测工具，排查器材是否存在故障与安全隐患，一旦发现问题，及时进行维修处理；每月，管理维护团队要对场地设施进行一次全面保养，对场地地面进行打磨、上漆，对器材进行润滑、防锈处理，延长场地设施的使用寿命。

建立场地设施使用登记制度也不可或缺。设计专门的登记表格，详细记录场地设施的使用情况，包括使用时间、使用班级、使用项目等；记录维护情况，如维护时间、维护内容、维护人员等；记录损坏情况，包括损坏时间、损坏部位、损坏原因等。这些记录将为后续的管理维护工作提供有力依据，便于学校及时了解场地设施的使用状态，针对性地开展维护工作。

此外，学校可借助信息化手段，对体育场地设施进行智能化管理。在场地设施中安装传感器，通过传感器实时监测场地设施的使用状态，如场地的人流量、器材的使用频率等；监测安全状况，如场地地面的平整度、器材的稳定性等。一旦发现异常情况，传感器将及时发出预警信息，学校管理人员可根据预警信息迅速采取措施，保障场地设施的正常使用与学生的运动安全。

案例：某学校改善体育硬件设施提升教学条件

某学校为了提升体育教学条件，大力改善体育硬件设施。学校首先对校园空间进行了重新规划，拆除了校园内一些闲置的建筑，腾出空间建设了一个标准化的足球场和两个篮球场。同时，对原有的操场进行了翻新改造，铺设了高质量的塑胶跑道，更新了田径运动器材。在教学楼的走廊和楼梯间，学校安装了一些简易的体育器材，如健身器材、跳绳架等，方便学生在课间进行体育锻炼。

为了提升场地质量与安全性，学校在足球场上种植了优质草坪，并聘请专业的园艺人员进行养护。在篮球场和排球场地面铺设了防滑材料，确保学生在运动过程中的安全。学校还为所有体育器材安装了防护设施，如在单杠、双杠周围设置了防护垫，在篮球架、足球门等器材上安装了缓冲装置。同时，学校加强了对体育场地设施的管理维护。成立了专门的场地管理维护小组，每天对场地设施进行检查和清洁，每周进行一次全面维护，每月进行一次安全检查。通过这些措施，该校的体育硬件设施得到了显著改善，为体育教学和学生的体育锻炼提供了良好的条件。学生的体育学习兴趣明显提高，体育教学质量也得到了有效提升。在近期的全市中学生运动会上，该校学生取得了优异的成绩，充分展示了学校改善体育硬件设施的成果。

人员协同

校长：掌好教育方向的"舵手"

校长在中小学体育教育的人力保障中，占据着至关重要的引领地位，其影响力贯穿学校体育教育的方方面面。一位真正重视体育教育的校长，会以高瞻远瞩的视角，将体育工作巧妙且坚定地纳入学校整体发展规划之中。这绝非简单的形式添加，而是精心布局，制订出清晰明确、切实可行的体育教育目标与发展战略。

为推动体育教育工作的有序开展，校长会定期组织召开体育工作会议。在这些会议上，校长充分发挥协调者的角色，巧妙地平衡学校各部门之间的关系。学校的教务部门、后勤部门、德育部门等，在校长的统筹协调下，形成一股强大的合力，为体育教育的顺利实施提供坚实的后盾。例如，在师资队伍建设这个关键环节上，校长积极主动地争取学校的各类资源。在招聘体育教师时，严格把关，力求吸纳那些专业素养高、教学经验丰富且充满活力的优秀人才加入学校。并且，校长深知持续培训对于教师成长的重要性，会积极为体育教师提供丰富多样的培训和发展机会。鼓励体育教师大胆开展教学改革和创新，从教学方法的改进到课程内容的优化，全方位支持教师的探索。在某中学，校长关注到体育教育中的个性化需求，推动教师为不同体质和兴趣的学生制订专属教学计划，显著提升了学生的参与度。

在体育课程建设方面，校长更是不遗余力地支持体育教师开发特色体育课程。鼓励将体育与其他学科进行有机融合，打破学科界限，提升体育课程的质量和吸引力。比如，将体育中的运动力学知识与物理学科相结合，在讲解体育动作技巧时融入数学的几何原理等。同时，校长以身作则，积极参与学校组织的各类体育活动。无论是运动会上的开幕式致辞，还是亲自参与教职工与学生的友谊赛，校长的每一次参与都向全体师生传递着对体育教育的重视。通过校长的一系列引领举措，学校全体师生对体育教育的重视程度得到极大提高，逐渐形成了全员参与体育教育的良好局面，体育教育在学校中焕发出勃勃生机。

教师：淬炼专业本领的"匠人"

教师专业能力的提升无疑是保障体育教育质量的核心所在。体育教师作为体育教育的直接实施者，不仅需要具备扎实深厚的专业知识和娴熟精湛的技能，更要紧跟时代步伐，掌握先进的教学理念和科学有效的教学方法。

为助力体育教师的成长，学校应当积极创造条件，为其提供丰富多样的培训机会。组织教师参加各级各类的体育教学研讨会，在研讨会上，教师们来自不同地区、不同学校，他们齐聚一堂，交流各自的教学心得，分享生动有趣的教学案例，共同探讨在体育教学过程中遇到的棘手问题及行之有效的解决方案。参加专业技能培训课程，让教师能够接触并学习新的运动项目技能，如新兴的极限飞盘、旱地冰壶等项目，从而拓宽自己的教学内容，为学生带来更多新颖有趣的体育课程体验。还可以组织教学观摩活动，让教师走进优秀教师的课堂，近距离观察学习他人的教学技巧和课堂管理方法。在观摩后进行深入的研讨交流，将所学所感内化为自身的教学能力。

同时，学校大力鼓励体育教师开展教学研究。通过教学研究，深入剖析体育教学中的实际问题，探索出真正适合学生特点的教学方法和模式。在某小学，一位体育教师通过研究发现，游戏化教学能显著提高低年级学生的体育学习兴趣，于是他将各种体育技能融入趣味游戏，教学效果显著提升。教师在不断进行教学研究的过程中，自身的教育教学能力得到持续锻炼，专业素养也在潜移默化中得到极大提升，为更好地开展体育教育工作奠定坚实基础。

家长：共育时代新人的"合伙人"

家长在中小学体育教育中，是不可或缺的重要协同育人力量。首先，家长必须树立正确的教育观念，深刻认识到体育教育对于孩子身心健康发展的重要意义。只有从思想上高度重视，才能在行动上积极支持孩子参与体育活动。

家长可以在家中为孩子精心创造良好的体育锻炼环境。购置一些适合孩子年龄和兴趣的体育器材，如跳绳、哑铃、小型篮球架等，方便孩子随时进行体育锻炼。同时，家长要密切关注孩子在学校的体育学习情况，与学校和教师保持紧密的沟通。定期与教师交流，了解孩子在体育学习过程中的进展以及存在的问题，积极配合学校和教师做好孩子的体育教育工作。比如，家长可以与孩子一起观看体育比赛，在观看过程中，为孩子讲解比赛规则、运动员的拼搏精神等，培养孩子对体育的兴趣。积极参加学校组织的亲子体育活动，像亲子运动会、亲子瑜伽等，在活动中增进亲子关系的同时，也为孩子树立起热爱体育的榜样。此外，家长还可以鼓励孩子参加校外的体育俱乐部或体育社团，让孩子有更多机会接触不同的体育项目和专业教练，拓宽孩子的体育学习渠道，丰富孩子的体育生活，全方位助力孩子在体育教育中茁壮成长。

案例：某学校通过三方协同促进体育教育发展

某学校积极构建校长、教师、家长三方协同的体育教育模式，取得了良好的效果。在校长引领方面，该校校长高度重视体育教育，将体育工作列为学校重点工作之一。校长亲自参与制订学校体育发展规划，明确提出要在三年内将学校的体育教育水平提升到全市领先水平。校长积极协调学校各部门，为体育教育提供充足的资源支持。在师资队伍建设上，校长通过提高体育教师待遇、提供更多培训机会等方式，吸引了一批优秀的体育教师加入学校。在体育课程建设方面，校长鼓励体育教师开发具有学校特色的体育课程，如开设了攀岩、射箭等新兴体育项目课程。

在教师专业能力提升方面，学校定期组织体育教师参加各类培训和教研活动。每学期都会邀请体育教育专家来校举办讲座和培训课程，为教师传授最新的教学理念和方法。同时，学校还组织教师到其他优秀学校进行教学观摩，学习先进的教学经验。教师们在培训和教研活动中不断提升自己的专业能力，积极开展教学改革。例如，一位体育教师在参加完培训后，将游戏化教学方法引入到篮球教学中，设计了一系列有趣的篮球游戏，激发了学生的学习兴趣，提高了教学效果。

在家长协同育人方面，学校通过家长会、家长学校等形式，向家长宣传体育教育的重要性，引导家长树立正确的教育观念。学校还组织了丰富多彩的亲子体育活动，如亲子运动会、亲子瑜伽等，增进了家长与孩子之间的感情，同时也让家长参与到孩子的体育教育中来。家长们积极响应学校的号召，在家中鼓励孩子进行体育锻炼，为孩子购买体育器材，关注孩子的体育学习情况。通过校长、教师、家长三方的协同努力，该校的体育教育得到了全面发展。学生的体育学习兴趣浓厚，身体素质和运动技能显著提升，在各类体育竞赛中屡获佳绩。学校的体育教育经验也得到了上级部门的认可和推广。

时间保证

课时要增量

增加体育课时是保障学生体育锻炼时间的基础。随着对学生体质健康和体育教育重视程度的提高，越来越多的地区和学校开始逐步增加体育课时。在义务教育阶段，许多学校将每周的体育课时从原来的 2～3 节增加到 4～5 节，甚至更多。以某沿海发达城市为例，当地教育部门规定小学一至三年级每周开设 4 节体育课，四至六年级和初中各年级每周开设 5 节体育课。这一举措为学生提供了更充裕的时间进行系统的体育学习和锻炼。在新增的体育课时中，教师能够更细致地讲解和示范运动技能，学生也有更多机会进行反复练习，从而更好地掌握各类体育项目的技巧。例如，在篮球教学中，充足的课时可以让教师从基础的运球、传球、投篮技巧，逐步深入到战术配合的教学，学生经过多次练习，不仅技术水平得到提升，对篮球运动的理解也更加深刻。而且，增加体育课时还有助于培养学生的体育兴趣和习惯，使体育真正成为学生生活的一部分。长期的体育课程学习让学生有更多机会尝试不同的体育项目，找到自己真正热爱的运动，为终身锻炼奠定基础。

大课间活动要提质

大课间活动作为学校体育活动的重要组成部分，对保障学生每天的体育锻炼时间起着关键作用。学校应严格按照规定，确保大课间活动时间不少于 30 分钟。许多学校将大课间活动进行精心设计，融入多种体育元素，使其成为学生们充满期待的校园活动。例如，某学校的大课间活动分为三个环节：首先是全校统一的广播体操，整齐划一的动作不仅锻炼了学生的身体，还培养了学生的集体荣誉感；接着是特色体育活动，根据不同年级设置不同项目，低年级开展跳绳、踢毽子等趣味性强的活动，中高年级则进行篮球、足球的小型比赛，满足了不同年龄段学生的需求；最后是放松环节，学生们在舒缓的音乐中进行简单的拉伸运动，缓解身体的疲劳。通过这样丰富多样的大课间活动，学生们在紧张的学习之余得到了充分的身体锻炼，精神状态也得到了极大的改善，为后续的学习提供了充沛的精力。同时，大课间活动还促进了学生之间的交流与合作，增强了班级凝聚力。

课外活动要延伸

除了体育课和大课间活动，保障学生的课外活动时间同样不可或缺。学校可以通过组织各类体育社团、兴趣小组以及开展课外体育竞赛等方式，为学生提供更多参与体育活动的机会。例如，某中学成立了足球社、篮球社、田径队、武术队等多个体育社团，每天放学后安排专门的指导教师带领学生进行训练。社团活动不仅提升了学生的专项运动技能，还培养了学生的团队协作能力和竞争意识。学校还定期举办校园足球联赛、篮球友谊赛、田径运动会等赛事，激发学生的运动热情，让学生在竞赛中挑战自我，超越自我。此外，学校还鼓励学生在课余时间自主进行体育锻炼，通过布置体育家庭作业等方式，引导学生养成良好的运动习惯。比如，要求学生每天放学后进行 30 分钟的有氧运动，如慢跑、跳绳等，并记录运动情况。通过保障课外活动时间，学生的体育锻炼时间得到了进一步充实，身体素质和运动能力也得到了更全面的提升。

案例：某学校合理安排时间保障学生体育锻炼

某学校高度重视学生的体育锻炼时间保障，采取了一系列切实可行的措施。在增加体育课时方面，学校严格按照国家课程标准，将小学各年级每周的体育课时增加到 4 节，初中各年级每周增加到 5 节。在体育课堂教学中，教师根据学生的年龄特点和身体素质，制订详细的教学计划，确保每个学生都能在课堂上得到充分的锻炼和指导。例如，在小学低年级的体育课上，教师通过游戏化的教学方式，让学生在轻松愉快的氛围中学习基本的运动技能，如在"小兔子跳跳跳"的游戏中锻炼学生的跳跃能力。

对于大课间活动，学校制定了详细的活动方案。每天上午安排 30 分钟的大课间时间，活动内容丰富多样。先是全校学生一起进行武术操练习，整齐有力的动作展现了学生们的蓬勃朝气；随后是分组活动，学校根据学生的兴趣爱好，设置了足球、篮球、跳绳、踢毽子等多个活动区域，学生可以自由选择参加。为了确保大课间活动的有序进行，学校安排了专门的教师进行组织和指导，及时纠正学生的动作，保障学生的安全。

在保障课外活动时间方面，学校成立了多个体育社团，如足球社、篮球社、羽毛球社、舞蹈社等。社团活动每周安排2～3次，每次活动时间为1小时左右。社团活动由专业的体育教师指导，学生们在社团中可以深入学习自己感兴趣的体育项目，提升运动技能。同时，学校还定期举办各类体育竞赛，如校园足球联赛、篮球争霸赛、羽毛球公开赛等，为学生提供展示自我的平台。此外，学校还鼓励学生在课余时间自主锻炼，布置了体育家庭作业，要求学生每天进行适量的体育活动，并通过家长监督和反馈，确保学生的课外锻炼时间得到有效落实。

通过合理安排时间保障学生的体育锻炼，该校学生的身体素质得到了显著提升。在近期的体质健康测试中，学生的达标率从原来的85%提高到了95%，优秀率也从15%提升至30%。学生们的精神面貌焕然一新，学习效率明显提高，校园内充满了积极向上的体育氛围。学校的体育教育经验也得到了周边学校的认可和借鉴，为推动区域内学校体育教育的发展起到了良好的示范作用。

平台依托

线下实践与成果展示平台建设

线下学习与展示平台在中小学体育教育中为学生提供了直观、真实的学习体验和展示机会。学校通过举办各类体育讲座、培训活动、体育节、运动会等，构建起丰富多样的线下平台。体育讲座邀请专业的体育教练、运动员或体育教育专家，为学生讲解体育知识、运动技能技巧、运动损伤预防等内容，拓宽学生的体育知识面。例如，邀请奥运冠军举办讲座，分享自己的运动生涯和训练经验，激发学生对体育的热爱和追求。培训活动则针对不同体育项目，为学生提供专业的技能培训，如足球射门技巧培训、篮球战术训练等。体育节和运动会是学生展示体育风采的重要舞台，学生们在赛场上尽情拼搏，展示自己的运动技能和体育精神。在体育节上，除了传统的竞技项目比赛，还设置了趣味体育项目，如亲子拔河、师生接力赛等，增强了活动的趣味性和参与度，促进了师生、亲子之间的交流与互动。这些线下平台的搭建，让学生在实践中学习体育知识，提升运动技能，培养体育兴趣和团队合作精神。

线上资源共享与互动交流平台构建

随着信息技术的飞速发展，线上学习与交流平台在体育教育中的作用日益凸显。学校和教育部门通过建设在线体育课程平台、体育教育 App 等，为学生提供便捷的学习资源和交流渠道。在线体育课程平台汇聚了丰富的体育教学视频、课件、电子教材等资源，学生可以根据自己的需求和兴趣，随时随地进行自主学习。例如，学生在课后可以通过平台观看体育技能教学视频，对课堂上学习的内容进行复习和巩固，也可以学习一些自己感兴趣的新兴体育项目。体育教育 App 则为学生提供了互动交流的功能，学生可以在 App 上分享自己的运动心得、训练成果，与其他同学交流体育学习经验，还可以向教师请教问题。同时，App 还可以记录学生的运动数据，如运动时间、运动强度、卡路里消耗等，为学生制订个性化的运动计划提供数据支持。此外，线上平台还可以举办线上体育竞赛、知识问答等活动，激发学生的学习积极性和参与热情，打破了时间和空间的限制，让体育学习更加高效、便捷。

平台赋能教师专业成长的路径与成效

平台保障对于体育教师的专业发展具有重要意义。线下平台为教师提供了丰富的教学实践机会和交流平台。在体育节、运动会等活动的组织过程中，教师能够锻炼自己的组织协调能力、活动策划能力，积累丰富的教学实践经验。同时，教师在参与体育讲座、培训活动时，可以与同行交流教学心得，学习先进的教学理念和方法，不断提升自己的教学水平。线上平台则为教师提供了更广阔的学习资源和专业发展空间。教师可以通过在线课程平台学习国内外先进的体育教学课程，了解最新的体育教育研究成果，拓宽自己的教学视野。利用体育教育 App，教师可以更方便地与学生进行沟通交流，及时了解学生的学习情况和需求，调整教学策略。此外，线上平台还为教师提供了教学资源共享的渠道，教师可以将自己制作的教学课件、教学设计、教学视频等资源上传到平台，与其他教师分享，同时也可以下载借鉴其他教师的优秀教学资源，实现共同发展和进步。

案例：某地区通过平台建设提升体育教师专业素养

某地区教育部门高度重视体育教育平台建设，通过打造线上线下相结合的平台体系，有效提升了体育教师的专业素养。在线下，该地区定期举办体育教师教学研讨会、教学技能培训活动和体育教学观摩活动。在教学研讨会上，体育教师们围绕教学中遇到的问题和困惑进行深入交流和探讨，分享自己的教学经验和教学心得。例如，在一次关于如何提高学生体育课堂参与度的研讨会上，教师们提出了多种教学方法和策略，如采用游戏化教学、小组竞赛等方式，激发学生的学习兴趣。教学技能培训活动则邀请专业的体育教育专家为教师进行专项技能培训，如如何设计有效的体育教学方案、如何运用信息化教学手段等。通过这些线下活动，教师们的教学实践能力得到了显著提升。

在线上，该地区建设了专门的体育教育资源平台和教师交流 App。体育教育资源平台整合了丰富的体育教学资源，包括优质的教学课件、教学视频、教学设计案例等，教师可以根据自己的教学需求随时下载使用。教师交流 App 则为教师们提供了便捷的交流渠道，教师们可以在 App 上发布教学问题、分享教学成果、交流教学经验。例如，一位教师在 App 上分享了自己在篮球教学中运用小组合作学习法的教学案例，详细介绍了教学过程和教学效果，引发了其他教师的热烈讨论和借鉴。通过线上平台的建设，教师们能够及时获取最新的体育教育信息，拓宽了教学视野，促进了教师之间的交流与合作，提升了教师的专业素养。在该地区组织的体育教师教学基本功大赛中，参赛教师的整体水平有了明显提高，涌现出了一批优秀的体育教学案例和教学成果，充分展示了平台建设对体育教师专业发展的积极推动作用。

在数字中国建设思想的引领下，中小学体育教育在理论体系、实践体系和保障体系等方面不断完善和发展。通过深入贯彻相关理论，积极推进各项实践举措，切实落实保障机制，中小学体育教育必将为学生的全面发展奠定坚实基础，培养出更多身心健康、全面发展的社会主义建设者和接班人。在未来的发展中，随着科技的不断进步和教育改革的持续深入，中小学体育教育将迎来更多的机遇和挑战，需要教育工作者们不断探索创新，为学生创造更加优质的体育教育环境。

展望未来，平台保障体系在中小学体育教育中的作用将愈发关键，且会随着技术进步与教育理念更新持续迭代升级。在线下学习与展示平台方面，学校可与当地体育场馆、运动俱乐部建立更紧密的合作关系，为学生开辟更多校外实践基地。比如，组织学生前往专业的足球俱乐部训练基地，观摩职业球员训练，学习专业的足球战术与技巧，亲身体验浓厚的体育竞技氛围。同时，学校还能举办跨校际的体育交流活动，如联合多所学校开展体育文化节，设置团队合作挑战项目、体育科技创新展示等特色板块，促进不同学校学生之间的交流与切磋，拓展学生的体育视野，培养学生的团队协作与创新能力。

线上平台的发展潜力更是巨大。随着虚拟现实（VR）和增强现实（AR）技术的日益成熟，在线体育课程平台有望引入沉浸式教学体验。学生借助 VR 设备，能仿若置身于真实的体育场景中，如在虚拟的奥运赛场进行田径比赛，与虚拟对手同场竞技，这种身临其境的学习方式将极大提升学生的学习兴趣与参与度。此外，体育教育 App 可进一步优化社交功能，打造体育学习社区。学生在社区中不仅能交流运动经验，还能组建线上运动小组，共同制订训练计划，互相监督鼓励。例如，热爱跑步的学生可以组成线上跑步小组，通过 App 实时分享跑步轨迹、速度和时长等数据，开展线上跑步竞赛，增强学生之间的互动与竞争意识。

对于教师而言，平台保障体系的持续完善意味着更多的发展机遇。线下平台可以拓展为区域体育教师联盟，定期组织跨校的教学实践交流活动，如开展教学观摩周，教师们相互走进课堂，深度交流教学方法与课堂管理经验。线上平台则可借助大数据分析技术，为教师提供精准的教学反馈。通过分析学生在平台上的学习行为数据，如观看教学视频的时长、重复观看的片段、参与线上讨论的活跃度等，教师能清晰了解学生的学习难点与兴趣点，从而有针对性地调整教学内容与方法。同时，教师还可利用平台参与国际体育教育交流项目，与国外优秀体育教师进行线上研讨，学习国际先进的体育教育理念与教学模式，进一步提升自身的国际化视野与专业素养。

以某一线城市的教育实践为例，当地教育部门联合科技企业，共同打造了智慧体育教育生态平台。在线下，建设了多个大型体育教育实践中心，配备专业的体育设施与指导人员，为学生提供多样化的体育实践课程，如攀岩、射箭、帆船等小众但极具挑战性的体育项目。线上则搭建了功能强大的智慧体育教育平台，整合了海量的 3D 体育教学模型、个性化学习分析系统以及智能运动辅助设备连接功能。教师通过平台能获取详细的学生运动数据报告，运用 3D 模型进行更直观的动作示范教学；学生借助智能手环等设备与平台连接，实时记录运动数据，在虚拟场景中进行体育技能训练与竞赛。实施一段时间后，学生的体育学习积极性大幅提高，体质健康水平显著提升，教师的教学创新能力也得到了充分激发，开发出一系列融合科技元素的新型体育课程，为中小学体育教育的高质量发展提供了有力的平台支撑。

总之，在数字中国建设思想的持续引领下，平台保障体系将不断创新与完善，为中小学体育教育注入强大动力，助力学生在体育学习中收获健康、快乐与成长，推动体育教育事业迈向新的高度。

研究结论

未来展望

第 四 章

研究结论与
未来展望

第一节　研究结论

思想体系的价值引领功能

　　数字中国建设思想为中小学体育教育提供了全新的发展视角与方向指引。在智慧体育建设方面，物联网、大数据、人工智能等现代信息技术在体育教学、训练、竞赛及管理中的广泛应用，使得体育教育从传统模式向智能化、精准化转变。例如，智能运动设备实时收集学生运动数据，为教师调整教学策略提供依据，实现个性化教学，这背后正是数字中国建设思想推动技术与教育融合的体现。在体育资源数字化进程中，借助数字技术构建的体育资源数据库，打破了体育教学资源获取的时间与空间限制。教师能够便捷地获取丰富的教学素材，学生也可自主选择感兴趣的体育知识与技能进行学习，促进了体育教育资源的高效利用与共享。这种资源数字化整合的思路，深刻契合数字中国建设中对信息资源优化配置的理念。体育教学智能化与体育科研数字化同样深受数字中国建设思想影响，通过虚拟现实、增强现实等技术创设沉浸式教学情境，提升教学效果，以及利用数字化工具进行体育科研数据收集与分析，为教学改革提供科学支撑，都彰显了该思想在推动体育教育创新发展中的引领地位。

理论体系的学理支撑价值

动作技能学习"窗口期"理论依据人体发展规律，明确了不同年龄段学生在动作技能学习上的敏感时期，为体育课程规划与教学顺序安排提供了科学依据。某小学依据此理论，在低年级着重开展大肌肉动作发展课程，随着年级升高逐步引入精细动作技能项目，有效提升了学生的运动技能掌握水平。运动需求理论关注学生在生理、心理和社会层面的多样化需求，打破传统体育课程分类局限，推动课程改革与教学方法创新。如某中学根据学生不同需求，设置技能拓展、健康促进、团队合作等课程模块，满足了学生个性化学习需求。幸福体育课程模式以提升学生体育学习幸福感为核心，融合多学科理论，从教学方法、课程设计到教学评价，全方位促进学生的全面发展。某学校实施该模式后，学生体育兴趣显著提高，充分体现了其理论价值。"学生运动能力等级标准"的制订为体育教学评价提供了客观、量化的依据，解决了传统评价的诸多问题，有力支撑了教学改革。某学校依据该标准开展评价改革，学生体育学习积极性与教学质量均得到提升。这些理论从不同角度为中小学体育教育实践提供了坚实的理论基础，确保体育教育活动的科学性与有效性。

实践体系的落地执行效能

一体化体育课程体系通过打破学段界限，实现了教学内容的连贯性、系统性与进阶性。小学阶段注重基础运动能力与兴趣培养，中学阶段侧重于专项运动技能提升，各学段紧密衔接。某学校构建一体化体育课程体系后，学生身体素质与运动技能明显提升，在体育竞赛中成绩优异。走班制教学根据学生兴趣和特长打破行政班级界限，满足了学生个性化学习需求，促进了教师专业发展。某中学推行走班制后，学生体育学习积极性高涨，教师在专业教学中也不断提升教学能力。每天锻炼 2 小时政策的落实，对学生体质健康与运动能力形成起到了关键作用。某小学通过合理安排课程与活动，保障学生每天 2 小时锻炼时间，学生体质达标率和优秀率大幅提高。"乐、动、会"幸福课堂的构建，让学生在快乐中运动、学会技能，提升了教师教学能力与学生学习体验。某学校打造幸福体育课堂后，学生对体育课满意度显著提高，学习效果明显增强。这些实践举措将体育教育理论转化为实际行动，切实推动了中小学体育教育的发展，提高了学生的体育素养。

保障体系的制度护航作用

政策保障层面，国家和地方出台的一系列体育教育政策强化了健康第一理念，全面覆盖体育教育各方面，并建立了落实监督机制。某地区通过政策推动，在课程建设、师资培养、场地设施改善等方面取得显著成效，学校体育工作蓬勃发展。硬件保障方面，通过合理规划利用校内外空间资源，提升场地质量与安全性，加强管理维护，为学生提供了良好的体育锻炼条件。某学校改善体育硬件设施后，体育教学质量显著提升，学生体育学习兴趣浓厚。人力保障依靠校长引领、教师专业能力提升以及家长协同育人。某学校通过三方协同，形成了良好的体育教育氛围，学生体育素养全面提升。时间保障通过增加体育课时、确保大课间和课外活动时间，为学生体育锻炼提供了充足时间。某学校合理安排时间后，学生体质健康水平大幅提高。平台保障搭建的线下学习与展示平台以及线上学习与交流平台，促进了学生学习与教师专业发展。某地区通过平台建设，提升了体育教师专业素养，丰富了学生体育学习资源与体验。保障体系从政策、硬件、人力、时间和平台等多个维度，为中小学体育教育的顺利开展提供了坚实保障，确保体育教育目标的实现。

第二节　未来展望

未来研究方向

　　未来中小学体育教育研究可聚焦于深化数字技术与体育教育的融合。随着5G、区块链等新兴技术的发展，探索如何将其更有效地应用于体育教学、训练与评价中。例如，利用5G技术实现体育教学的实时高清直播，打破地域限制，让优质体育教学资源得以更广泛传播；借助区块链技术确保学生体育学习数据的安全性与真实性，为个性化教学与评价提供更可靠依据。在理论研究方面，进一步完善体育教育相关理论体系。深入研究动作技能学习"窗口期"理论在不同个体差异下的表现，以及如何根据学生的特殊需求（如特殊教育学生）进行调整与应用。加强对体育教育与其他学科融合的理论研究，探索如何通过跨学科教学培养学生的综合素养。实践研究可关注体育教育在不同社会环境与地域背景下的适应性。研究偏远地区如何利用有限资源开展特色体育教育活动，以及城市学校如何应对学生体育活动空间受限的问题，创新体育教学形式与活动组织方式。同时，加强对体育教育中德育、美育渗透的实践研究，实现体育教育的全方位育人功能。

对中小学体育教育发展的愿景构想

期望未来中小学体育教育能够真正实现以学生为中心的全面发展。在教学内容上，更加丰富多样，不仅涵盖传统体育项目，还能引入更多新兴、时尚的体育项目，满足学生多样化的兴趣需求。例如，将极限飞盘、旱地冰壶等项目纳入体育课程，拓宽学生的体育视野。在教学方法上，充分利用现代教育技术，实现个性化、智能化教学。教师能够根据每个学生的身体素质、运动能力和兴趣爱好，为其制定专属的体育学习方案，让每个学生都能在体育学习中获得成就感与自信心。在体育教育资源分配上，实现更加公平合理。加大对农村和偏远地区学校体育教育的投入，改善体育教学设施，提升师资水平，缩小城乡、区域之间的体育教育差距，让所有学生都能享受到优质的体育教育资源。在学生体育素养培养方面，注重培养学生的终身体育意识与习惯。通过体育教育，让学生不仅在学校期间积极参与体育活动，更能在毕业后继续保持运动习惯，将体育融入日常生活，为健康生活奠定基础。同时，期望体育教育能够在培养学生的团队合作精神、竞争意识、坚韧不拔的意志品质等方面发挥更大作用，促进学生的全面成长，为社会培养出更多身心健康、全面发展的优秀人才。